T0197071

essentials

essentials liefern aktuelles Wissen in konzentrierter Form. Die Essenz dessen, worauf es als „State-of-the-Art" in der gegenwärtigen Fachdiskussion oder in der Praxis ankommt. *essentials* informieren schnell, unkompliziert und verständlich

- als Einführung in ein aktuelles Thema aus Ihrem Fachgebiet
- als Einstieg in ein für Sie noch unbekanntes Themenfeld
- als Einblick, um zum Thema mitreden zu können

Die Bücher in elektronischer und gedruckter Form bringen das Fachwissen von Springerautor*innen kompakt zur Darstellung. Sie sind besonders für die Nutzung als eBook auf Tablet-PCs, eBook-Readern und Smartphones geeignet. *essentials* sind Wissensbausteine aus den Wirtschafts-, Sozial- und Geisteswissenschaften, aus Technik und Naturwissenschaften sowie aus Medizin, Psychologie und Gesundheitsberufen. Von renommierten Autor*innen aller Springer-Verlagsmarken.

Hans-Peter Herrmann

Psychologie des Urlaubsglücks

Verstehen und erleben: mit
praktischen Umsetzungstipps

 Springer

Hans-Peter Herrmann
Leipzig, Deutschland

ISSN 2197-6708   ISSN 2197-6716 (electronic)
essentials
ISBN 978-3-662-68152-7   ISBN 978-3-662-68153-4 (eBook)
https://doi.org/10.1007/978-3-662-68153-4

Die Deutsche Nationalbibliothek verzeichnet diese Publikation in der Deutschen Nationalbibliografie; detaillierte bibliografische Daten sind im Internet über http://dnb.d-nb.de abrufbar.

Planung/Lektorat: Marion Kraemer
Springer ist ein Imprint der eingetragenen Gesellschaft Springer-Verlag GmbH, DE und ist ein Teil von Springer Nature.
Die Anschrift der Gesellschaft ist: Heidelberger Platz 3, 14197 Berlin, Germany

Das Papier dieses Produkts ist recyclebar.

Was Sie in diesem *essential* finden können

- Eine kompakte Darstellung der Thematik „Urlaubsglück" aus tourismuspsychologischer Sichtweise
- Die Betrachtung des Themas unter dem Aspekt unterschiedlicher Facetten
- Eine Auseinandersetzung mit den Funktionen und Wirkungsweisen des Urlaubsglücks
- Verknüpfungen mit ausgewählten Zahlen zum Reiseverhalten der Bundesbürger
- Tipps und Anregungen für den eigenen Urlaub

Inhaltsverzeichnis

Was ist Urlaubsglück?

Mit Urlaubsglück lässt sich ein tiefes emotionales Gefühl beschreiben, welches wir während der Reise oder eines Urlaubsaufenthaltes in Form unmittelbarer Empfindungen wahrnehmen. Ausgelöst werden die Urlaubsgefühle durch unterschiedliche Reizgegebenheiten, wie das Spüren der Wärme auf unserer Haut, besondere Gerüche und Geschmackserlebnisse, intensive Farben, faszinierende Landschaften, taktile Reizgegebenheiten, naturbezogenen Geräusche, usw., welche wir aufnehmen, verarbeitet und danach als positive oder negative Empfindungen reflektieren.

Bereits die sinnliche Vorstellung entsprechender Assoziationen kann positive emotionale Gefühle aktivieren, die jedoch in der Regel nicht ausreichen, um ein tiefes Urlaubsglücksgefühl zu erleben. Menschen können ihre Reiseverläufe planen oder sich die Orte vorstellen, an denen sie sich später befinden werden. Sie können jedoch nicht vorhersagen, wie sie sich im Moment des tatsächlichen Reiseerlebnisses fühlen werden. Um echtes Urlaubsglück zu verspüren, bedarf es des Zusammentreffens mehrerer Faktoren sowie verschiedener Bedingungen, die erfüllt sein müssen, um starke emotionale Empfindungen aufbauen zu können. Hierzu gehört beispielsweise die Ortsferne, eine anhaltende Unbeschwertheit, das Gefühl von Sicherheit wie auch weitgehende Handlungs- und Entscheidungsfreiheit.

Trotz weitgehend identischer Reize, etwa bei gleichen Urlaubserlebnissen einer Personengruppe, werden diese Reizgegebenheiten sowohl in ihrer Intensität wie auch in ihrer Emotionalität von diesen Personen unterschiedlich erlebt. Gründe hierfür sind die dispositionalen unterschiedlichen Merkmalsausprägungen, die in der Person selbst liegen. Etwa im Grad der emotionalen Sensibilität und Vulnerabilität, vorhandener Einstellungen, Erwartungen und Bedürfnisse,

H.-P. Herrmann, *Psychologie des Urlaubsglücks*, essentials, https://doi.org/10.1007/978-3-662-68153-4_1

dem Wissen über den Erlebnisgegenstand, usw. Auch die jeweilige Umfeldsituation, in dem das Ereignis erlebt wird, beeinflusst die Erlebnisempfindungen. Hier spielen Sachverhalte wie das momentane soziale Umfeld, erlebte Stimmungskongruenzen oder bisherige Situationserfahrungen eine gewichtige Rolle. Das nach außen sichtbare subjektive Glücksempfinden, was für die psychologische Betrachtung besonders relevant ist, wird durch verschiedene chemische Prozesse gesteuert. Insbesondere durch die Ausschüttung sogenannter Glückshormone, wie Dopamin, Serotonin, Endorphin und Oxytocin, welche in ihrer Wirkung neurobiologisch gut erforscht sind. Wird die psychologische Wirkung mit der neurobiologischen Wirkung verknüpft, so lässt sich das Erleben von Urlaubsglück mithilfe von folgenden fünf Komponenten beschreiben*

* Motivationale Komponente
  Sie verstärkt bestimmte Handlungstendenzen, z. B. den Wunsch angenehme Dinge zu verspüren oder zu erfahren und hierdurch eine Hingezogenheit zu positiven Erlebnis-inhalten
* Physiologische Komponente
  Bewirkt, dass physiologische Prozesse wahrnehmbar werden, z. B. das verstärkte Spüren von bestimmten Körperfunktionen, wie Herzschlag, Kribbeln auf der Haut, Schwitzen, etc.
* Affektive Komponente
  Wird in Form des Fühlens von subjektiven Gefühlszuständen erlebbar, z. B. Aufgeregt-heit, lustvolle Anspannung, etc.
* Kognitive Komponente
  Zeigt sich als emotionsspezifische Gedanken, z. B. das Wissen um positive Folgen eines gelungen Urlaubs, Wirkungsaspekte von Wellnessanwendungen etc.
* Expressive Komponente
  Wahrnehmbarer Körpereindruck, z. B. entspannter Gesichtsausdruck, positive Körperhaltung, etc.

* In Anlehnung an die fünf Komponenten der Prüfungsangst. (Seidel und Krapp 2014, S. 196)

Emotionale Urlaubsglücksgefühle sind keine statische Größe und lassen sich nicht bemessen, sondern verändern sich infolge wechselnder Reizgegebenheiten. Was Menschen unter dem Begriff Urlaubsglück verstehen, ist daher sehr individuell verschieden. Das verbindende Band des Begriffs sind die starken positiven Gefühle, die sie mit ihrem Urlaub oder Reisetätigkeiten in unmittelbaren Zusammenhang bringen.

Fragestellungen zum Glück gibt es wahrscheinlich, seitdem Menschen die sie umgebende Welt reflektieren und daraus selbstbezogene Schlussfolgerungen ziehen. Seit Herausbildung der Philosophie vor mehr als 2500 Jahren, gehört das Thema Glück zu deren Kernthemen. Erste überlieferte Kenntnisse stammen hierzu von den führenden Philosophen der Antike, wie Platon oder Aristoteles. In ihrer umfänglichen Auseinandersetzung mit dieser Thematik mussten sie erkennen, dass sich Glück nicht auf einen Begriff oder eine Definition abstrahieren lässt, sondern dass es unterschiedliche Formen des Glücks gibt. Die drei Grundbegriffe des Glücks, die innerhalb der Philosophie entstanden sind und aus dem Griechischen entstammen, haben die Bedeutung von „glücklich sein" (Eudaimona), Glück haben oder glücklichen Umständen unterliegen (Eutychia) und Glück im Sinne von Wohlfühlen oder Lust (Hedone). Trotz ihrer unterschiedlichen Bedeutungen sind die Begriffe des Glücks miteinander verbunden, werden aber im philosophischen Diskurs unterschiedlich interpretiert. Während Aristoteles durch die Betonung des selbstwählenden Strebens von einem aktiven Glücksbegriff, im Sinne des Glücklichwerdens durch das eigene Handeln, ausgeht, vertritt Immanuel Kant eine gegen-teilige Auffassung. Er legt den Glücksbegriff passiv aus, denn glücklich sein ist für Kant eine Forderung der Vernunft. Aristoteles und Kant werden daher jeweils als Hauptvertreter des subjektiven und objektiven Glücksbegriffs angesehen.

Mit der Gründung des weltweit ersten Psychologischen Instituts durch Wilhelm Wundt im Jahr 1879, emanzipierte sich die Psychologie von der Philosophie und wurde zur eigenständigen Wissenschaft. In ihren Anfängen spielte das Thema Glück keine Rolle. Erst mit der Herausbildung der Positiven Psychologie, eine Strömung innerhalb der Psychologie, die in der zweiten Hälfte des 20. Jahrhundert einsetzte, erlangte der Glücksbegriff aus psychologischer Sicht Bedeutung. Die Auffassungen der Positiven Psychologie erlangten besonders durch den Psychologen Martin Seligmann viel Aufmerksamkeit, der das Konzept in seiner Amtszeit als Präsident der American Psycholoical Association aufgriff und fortentwickelte. Die Positive Psychologie sieht sich als Gegenpol zur traditionellen, „defizitorientierten" Psychologie und setzt sich schwerpunktmäßig mit den Phänomenen positiver Empfindungen, wie Freude, Glück, Optimismus, Geborgenheit, Vertrauen oder Zuversicht auseinander. Im Mittelpunkt ihrer Betrachtungen stehen die Stärken und positiven Aspekte des Menschen, in dem der Glücksbegriff eine zentrale Rolle spielt.

Auch in der Tourismuswissenschaft wird das Thema Glück, und damit der Glücksbegriff erst in jüngerer Vergangenheit intensiver betrachtet. Weil emotionale Urlaubsgefühle nur in Zusammenhang mit echten Reise- oder Urlaubsaktivitäten erlebbar sind, hatte der Begriff vom Urlaubsglück für die große Bevölkerungsmehrheit bis zur Herausbildung des Massen-tourismus faktisch keine Bedeutung. Erst mit der Entwicklung moderner Verkehrsmittel, die schnell und kostengünstig größere Menschenmengen von A nach B transportieren konnten, sowie der Etablierung günstiger pauschalisierter Angebote wurde das Thema Reisen für immer mehr Menschen relevant. Weil Urlaubstage zu den wertvollsten im Jahr gehören, sind Menschen sehr darauf bedacht, diese Zeit so angenehm und unbeschwert wie möglich zu verbringen. Sie haben heute konkrete Vorstellungen davon, was ein glücklicher Urlaub darstellt, und zwingen die Reiseveranstalter und touristische Leistungsträger, über ihr Nachfrageverhalten, diesen Bedürfnissen nachzukommen. Gleichzeitig werden von den Reiseveranstaltern und Leistungsträgern im Tourismusmarketing gezielt Begrifflichkeiten wie Urlaubsglück, Lebensfreude, Gänsehautmomente usw. eingesetzt, um diese mit konkreten Reisezielen oder Reiseaktivitäten in Verbindung zu bringen. Es darum, potenzielle Kunden gezielt über Emotionen anzusprechen. Wie bewusst die Verwendung des Begriffs Glück bereits praktiziert wird, zeigt eine große mobile Reisebürokette, die den Begriff „Urlaubsglück" (Mein Urlaubsglück GmbH) bereits im Unternehmensnamen verankert hat.

Menschliches Handeln verfolgt fast immer einen bestimmten Zweck und ist auf das Erreichen von Zielen hin ausgerichtet. Ohne Ziele würden wir weitgehend orientierungslos handeln und keine effektiven Entwicklungsfortschritte bewirken. Was uns dabei antreibt, sind nicht nur bestimmte Motive, sondern auch positive Erfahrungen, kognitive Kenntnisse über die Erreichbarkeit von Handlungszielen, das Wissen um eigene Befähigungen sowie das Erkennen von Handlungsmöglichkeiten.

Das „Glück" gehört dabei zu jenen Sachverhalten, welches sich Menschen über ihre gesamte Lebensspanne hinweg wünschen und auf unterschiedlicher Art anstreben. Das Urlaubsglück lässt sich als eine spezielle Form des Glücks auffassen, die im zeitlichen Zusammenhang mit Urlaubs- und Reiseaktivitäten steht. Spezifische Funktionen des „Urlaubsglücks" sind:

Urlaubsglück verkörpert Lebensqualität, weil es auf das seelische Wohlbefinden und die Lebensfreude ausgerichtet ist.

Zur Erreichung des Urlaubsglücks werden Handlungen angestrebt, die positive Gefühle auslösen und Bedürfnisse befriedigen. Hierzu gehört bspw. das Streben nach Zufriedenheit, Ausgeglichenheit, Entspannung, das Erleben wohltuender Ereignisse, etc.

Urlaubsglück hilft, einen balancierten Alltag wieder zu gewinnen. Glückliche und unbeschwerte Urlaubstage bieten die Möglichkeit, den Stress abzubauen, die Widerstandsfähigkeit (Resilienz) zu erhöhen, um so nach dem Urlaub wieder in einen balancierten Alltag einsteigen zu können.

H.-P. Herrmann, *Psychologie des Urlaubsglücks*, essentials,
https://doi.org/10.1007/978-3-662-68153-4_2

Urlaubsglück verstärkt die allgemeine emotionale und motivationale Orientie-rung, die dem Leben Richtung und Sinn gibt. Es begünstigt die Zufriedenheit mit dem eigenen Leben und stärkt das eigene Lebenskonzept. Urlaubsglück bewirkt eine hohe Bewusstheit, und führt zu mehr Sensivität und Offenheit. Hierbei entsteht eine identitätsstiftende Wirkung auf die eigene Persönlich-keit, was sich in einem gesteigerten Selbstbewusstsein zeigt. Urlaubsglück stabilisiert positive Emotionen wie Lebensfreude, Zufriedenheit, Interesse, Inspiration, Liebe, Vergnügen usw. Urlaubsglück motiviert uns, soziale Kontakte zu suchen und die erlebte Freude mit anderen Menschen zu teilen. Glückliche Menschen sind empathischer, sozial engagier-ter und toleranter. Sich zu öffnen und Gefühle zu zeigen, macht sympathisch, schafft Vertrauen und sorgt für eine positive Ausstrahlung. Erlebtes Urlaubsglück steigert unsere Wahrnehmung für das Schöne, schafft eine größere Offenheit für Neues und initiiert Handlungen, die das Urlaubs-glück noch verstärken können. Urlaubsglück begünstigt die Regeneration der Arbeitskraft. Die wichtigste gesellschaftliche Funktion des Urlaubs ist die physische und psychische Regeneration des Einzelnen zum Erhalt seiner Arbeitskraft. Eine hohe Urlaubszufriedenheit fördert das Erreichen dieses Ziels.

Auch wenn es auf den ersten Blick anmutet, dass die Urlaubszeit eine verhält-nismäßig kleinen Zeitumfang umfasst, so kann dieser Eindruck täuschen. Wenn wir uns vor Augen halten, dass über zwei Drittel der Bundesbürger jährlich eine mindestens fünftägige Urlaubsreise unternehmen und mehrheitlich ihre Reiseakti-vitäten bis ins hohe Alter beibehalten, so ergibt sich über die Lebensspanne eine aktive Urlaubszeit von zusammen mindestens über einem Jahr. Da die durch-schnittliche Haupturlaubsreisedauer bei 12 und mehr Tagen (Vgl. DRV 2023, S. 21) liegt und zudem viele Bundesbürger pro Jahr noch eine Zweit- oder Dritt-reise unternehmen, so dürfte die addierte aktive Urlaubszeit eher bei zwei bis drei Lebensjahren liegen. Also ein nicht unerheblicher Teil unseres Lebens, wo wir nach Urlaubsglück streben und die Funktionen des Urlaubsglücks ihre Wirkungen entfalten.

Jede Urlaubsreise beginnt im Kopf 3

Wesentliche Triebfedern unseres Handels sind Bedürfnisse. Bedürfnisse entstehen durch das Erleben eines Mangels, der sich sowohl auf Gegenstände, Sachverhalte oder Handlungen beziehen kann. Menschen sind bestrebt, diesen Zustand durch Befriedung oder durch deren Beseitigung zu überwinden. Der Ursprung unserer Bedürfnisse nach Urlaub und Reisen lässt sich häufig im Alltag verorten. Denn viele Menschen erleben ihren Alltag als überaus stressbeladen und verbrauchen für deren Stressbewältigung sowohl am Arbeitsplatz wie im privaten Umfeld Kraft, Ressourcen und Zeit. Hierdurch entsteht nicht nur das subjektive Gefühl der Belastung, sondern führt real dazu, dass schrittweise physische und psychische Regenerationsdefizite entstehen. Mundt verweist hier auf den physiologischen Erklärungsan-satz „Urlaub zum Abbau der kumulierten Ermüdungsstoffe" (Vgl. Mundt 2013, S. 121 f.). Die entstandenen Defizite werden nun zunehmend über wahrnehmbare Symptome, wie Unausgeglichenheit, abnehmende Konzentrations- und Leistungsfähigkeit oder Beeinträchtigungen des Wohlbefindens spürbar erlebt. Halten die Belastungen an, ohne die Erholungsdefizite reduzieren zu können, so verstärkt sich fortan der Wunsch, diesen Belastungen zu entfliehen.

Um den erlebten Mangel zu beseitigen, werden entweder bereits latent vorhandene Motive aktiviert oder es entstehen neue spezifische Motive, die geeignet erscheinen, den erlebten Mangel mittels Motivbefriedigung zu beseitigen. Motive sind innere Beweggründe der Menschen, die sie veranlassen, bestimmte Ziele und Sachverhalte anzustreben oder auch zu meiden. In der Regel gibt es nicht nur ein Motiv, sondern vielfach ein Motivbündel, wobei die Einzelmotive eine unterschiedliche Wertigkeit besitzen. Die Mehrheit der tourismuswissenschaftlichen Theorien, die sich mit der Fragestellung auseinandersetzen, warum wir

H.-P. Herrmann, *Psychologie des Urlaubsglücks*, essentials, https://doi.org/10.1007/978-3-662-68153-4_3

Reisen, geht hierbei von Motiven oder Motivgruppen aus. Motive werden somit ursächlich für den Beginn von Reiseaktivitäten angesehen. Denn Reisemotive beziehen sich vordergründig auf die Kernfrage, was Menschen in besonderer Weise bewegt, einen zeitweiligen Ortswechsel anzustreben. Aus eigenen Reiseerfahrungen wissen die Menschen, dass sie dem Alltag besonders gut entfliehen können, wenn ein Ortwechsel erfolgt, der ein Gegensatz zur Alltagsumgebung darstellt und mit vielen positiven Erlebnisreizen verknüpft ist. Ein Ortswechsel im Sinne einer Urlaubsreise ist für die Mehrheit die geeignetste Form, physisch und psychisch zu regenerieren. Mit dem entstandenen Wunsch nach Reisen werden in unserem Gehirn nun kognitive Prozesse angestoßen, die den Sachverhalt analysieren, aktuelle Wissenserkenntnisse verarbeiten und zugleich auf frühere Erfahrungen zurückgreifen, und Handlungsalternativen bereitstellen, wie dieses Problem gelöste werden kann.

Werden die Ferien zu Hause verbracht, so kann nur der Anschein eines Urlaubsgefühls aufkommen. Zu Hause bleiben Menschen in ihrem alltäglichen Umfeld verhaftet, und können den Alltagsereignisse schwer entfliehen. Die Entfernung, also das Zielgebiet, spielt für die Regeneration nur eine untergeordnete Rolle. Entscheidender ist, ob sie sich an diesem Ort wohlfühlen und Körper und Seele wieder in ein Gleichgewicht bringen können. Was für den Einzelnen Ferne bedeutet, kann nur er selbst definieren. Für ein kleines Kind kann Ferne bedeuten, die Großeltern im Nachbarort zu besuchen. Für Erwachsene kann Ferne bedeuten, die Ländergrenze zu überschreiten, oder auf einen anderen Kontinent zu fliegen. In der Tourismuswissenschaft ist der Begriff „Destination", also Zielgebiet nicht genau definiert. Es liegt daher in der Betrachtung des Einzelnen, was er als Zielgebiet und damit als erstrebenswert ansieht. Was ein Kleinkind mit seiner ortsnahen Reise und dem welterfahrenen Erwachsenen, der zu anderen Kontinente aufbricht, verbindet, ist die Erfahrung, dass es am Zielort keinen „Alltag", sondern nur neue Erfahrungs- und Erlebnisräume gibt.

Mit dem Ortswechsel und dem Vorhandensein eines Reisemotivs sind bereits die zentralen Kernaspekte einer Reise benannt. Die Weltorganisation für Tourismus der Vereinten Nationen (UNWTO) beschreibt Reisen mit dem Oberbegriff „Tourismus" und definiert diesen Begriff wie folgt: „Tourismus umfasst die Aktivitäten von Personen, die an Orten außerhalb ihrer gewohnten Umgebung reisen und sich dort zur Freizeit-, Geschäfts- oder bestimmten anderen Zwecken nicht länger als ein Jahr ohne Unterbrechung aufhalten" (Vgl. Freyer 2011, S. 2).

Befragt nach den Reisemotiven der Bundesbürger, welche im Rahmen jährlicher Reiseanalysen von der Forschungsgemeinschaft Urlaub und Reisen (FUR) erhoben werden, zeigt sich, dass diese in den letzten Jahrzehnten relativ stabil geblieben sind. Zu den wichtigsten Einzelurlaubsmotive, die seit Jahren beständig gemessen werden, gehören: Entspannung, Abstand vom Alltag gewinnen, Zeit haben, Kraft sammeln und Zeit füreinander haben. Beim Vergleich über die Zeitspanne wird sichtbar, dass der Wunsch nach einem zeitweiligen Alltagsaustieg grundlegend beibehalten wird, jedoch die Gewichtung zum Lifestylerlebnis kontinuierlich zunimmt. Das Motiv, aus dem Alltag herauskommen, um Abzuschalten und neue Kraft zu tanken, reicht vielen Menschen heute nicht mehr aus. Sie wollen gleichzeitig etwas Erleben, Spaß haben und sich dabei Wohlfühlen. Zudem werden die Reisemotive vielfältiger und komplexer, was Reiseveranstalter bereits veranlasst hat, ihre Reiseangebote noch stärker auf spezielle Kunden- und Gästegruppen, wie zum Beispiel Adults-only-Reisen, auf themen- oder zielgruppenbezogene Ferienanlagen und zugehörigen Angeboten abzustellen, um den differenzierten Wünschen und Bedürfnissen der Gäste besser gerecht zu werden.

Urlaubsreisen werden nicht nur dadurch positiv erlebt, weil eine spürbare Reduktion vom Alltagsstress einsetzt, sondern, weil in einem schönen Ambiente emotionale Reize aufgenommen werden, die positive Empfindungen freisetzen. Diese beiden Sachverhalte tragen wesentlich dazu bei, dass sich bei späteren Reiseaktivierungsgedanken ein entsprechendes Appetenzbedürfnis einstellt. Appetenz bezeichnet das Verlangen bzw. die Zuwendung nach einem bestimmten Objekt oder einem Sachverhalt. Die Appetenz stellt sicher, dass nach der Aktivierung von Reisegedanken eine zielstrebige Suche oder Annäherung an den entsprechenden Sachverhalt einsetzt.

Ob wir unsere persönlichen Reisewünsche dann tatsächlich umsetzen, hängt maßgeblich von der gegenwärtigen Motivationsstärke ab. Denn deren Stärke entscheidet wesentlich darüber, welchen Grad an Anstrengungen wir unternehmen, um unseren gefassten Reisewunsch umzusetzen, welchen konkreten Reiseangeboten wir uns besonders zuwenden, und wie lange und in welcher Intensität wir uns um deren Realisierung bemühen.

Reiseentscheidungen werden in der Regel nicht spontan getroffen, sondern sind das Ergebnis eines längeren Prozesses. Dieser Prozess beginnt immer im Kopf. Nach der Bedürfnisaktivierung, setzt das Entstehen einer Appetenz ein, die zu einer zielstrebigen Annäherung an das Thema Urlaub und Reisen führt und gewöhnlich mit einem konkreten Reiseentschluss endet.

Die richtigen Reiseentscheidungen treffen

4

Eine entscheidende Grundlage für die spätere Reisezufriedenheit ist das Treffen der richtigen Reiseentscheidung. Was für den Einzelnen die „richtige" Reise ist, hängt dabei stark von seinen individuellen Wünschen und Ansprüchen ab. Da jeder Mensch eine individuelle Persönlichkeit mit unterschiedlichen Interessen, Motiven, Erfahrungen, Wissenssachverhalten darstellt, kann es folglich keine einheitlichen oder allgemeingültigen Kriterien hinsichtlich einer guten oder perfekten Reise geben. Generalisierte Unterscheidungen nach guten oder schlechten Reiseangeboten sind daher wenig hilfreich. Wesentlicher zielführender ist es, jene Reiseangebote zu identifizieren, die den individuellen Wünschen und Ansprüchen des Einzelnen und seiner Mitreisenden entsprechen. Reiseentscheidungen werden in aller Regel nicht spontan getroffen, sondern vollziehen sich als Prozess. Dabei ist nicht die zeitliche Länge des Entscheidungsprozesses relevant, sondern deren Entscheidungsqualität. Die große Herausforderung besteht nicht darin, aus der Vielzahl von Reiseangeboten eine Reise auszuwählen, sondern darin, jenes Angebot zu finden, welches zur individuellen Persönlichkeit bestmöglichst passt.

Will man dem Ziel einer passgenauen Reise näherkommen, so erscheint es hilfreich, die Auswahlschritte im Reiseentscheidungsprozess selbstkritisch zu hinterfragen. Mit den richtigen Fragestellungen erhöht sich die Chance einer guten Reisewahlentscheidung und somit die Wahrscheinlichkeit, der späteren Reisezufriedenheit. Wesentliche Fragestellungen entlang der Reiseentscheidungsketten sind beispielsweise in der folgenden Tabelle (Tab. 4.1) aufgeführt:

Weitere hilfreiche Grundfragestellungen zur Reiseentscheidungsfindung können sein:

Tab. 4.1 Herrmann. (Eigendarstellung)

Reiseentscheidungsschritte	Mögliche Fragestellungen
1. Allgemeine Ausgangsfragen	• Was ist mein Hauptziel bzw. Hauptanliegen dieser Reise? • Verfolge ich mit dieser Reise ein bestimmtes Selbstkonzept? • Worauf sollen meine Reiseentscheidungen beruhen bzw. was beeinflusst möglicherweise mein Entscheidungsverhalten? (Eigene Erkenntnissen, Partner- bzw. Kinderwünsche, Empfehlungen Dritter, etc.) • Wie will ich im Auswahlprozess vorgehen und welche Informationsquellen kann ich nutzen? • Welche möglichen Entscheidungshinternisse gibt es und wie gehe ich damit um? • Gibt es gewichtige Tatsachen, die derzeit gegen eine Reise sprechen?
2. Welche Art von Reisen bzw. welche Reiseform strebe ich an?	• Individualreise • Pauschalreise • Teilorganisierte Reisen • Dynamic packaging-Reisen • andere Reiseformen
3. Welche Motive und Interessen sind mir besonders wichtig?	• Kraft tanken • Natur erleben • Sehenswürdigkeiten kennenlernen • Zeit für die Familie haben • etc.
4. Was ist die präferierte Reiseform bzw. Reiseart	• Badereisen • Rundreisen • Kreuzfahrten • Städtereisen • Aktivurlaub • etc.

(Fortsetzung)

Tab. 4.1 (Fortsetzung)

Reiseentscheidungsschritte	Mögliche Fragestellungen
5. Welche Destination, welches Land wird präferiert?	a) Nach Destinationsgegebenheiten: – Meer/Seenlandschaft – Gebirge/Berge – Städte – Kombinationen von Destinationsgegebenheiten – andere Gegebenheiten b) Nach Ländern oder Gebietspräferenz – Land – Gebiet – Region – Stadt/Städte – andere Präferenzen
6. Wie will ich im Auswahlprozess vorgehen?	• Deduktiver Herangehensweise (von Allgemeinen zum besonderen oder spezifischen Angebot) • Induktiver Auswahlprozess (von Einzelelementen ausgehend zum Gesamtreiseangebot) • Unstrukturierte Herangehensweise

7. Welcher Reisezeitraum (einschließlich klimatischer Verhältnisse am Zielort) ist ideal und welche Aufenthaltslänge ist geplant?
8. Welche Reiseeinzelleistungen sind includiert, mit welchen Zusatzgebühren ist zu rechnen und wie ist das Preis-Leistungsverhältnis zu werten?
9. Entsprechen die die Qualitäts-, Sozial- und Umweltkriterien meinen Vorstellungen?
10. Gibt es Sicherheitsbedenken bzw. Risiken einschließlich einer hinreichenden medizinischen Versorgung
11. Mit welchem Aufwand und Erschwernissen ist möglicherweise zu rechnen?
12. Bestehen offene rechtliche Fragen oder Fragen der finanziellen Absicherung?

Hinzu kommt eine Vielzahl weiterer Faktoren, welche Reiseentscheidungen beeinflussen. So fließen beispielsweise bisherige Erfahrungen mit Reiseveranstaltern, Destinationen, erlebte Qualitätsstandards, sicherheits- und geopolitische Gegebenheiten und andere Sachverhalte in Entscheidungen mit ein. Auch die Berücksichtigung von Urteilen Dritter, wie von Kollegen und Freunden, die

Einbeziehung wahrnehmbarer Reisetrends oder die Rücksichtnahme auf Mitreisende, wie den Partner oder Kinder, haben ebenfalls einen entscheidenden Einfluss auf das Reiseentscheidungsverhalten. Diese vielfältigen Faktoren werden im Entscheidungsprozess gewichtet und ergeben zusammen eine komplexe Entscheidungssituation, die zum Schluss die Wahl für ein bestimmtes Reiseangebot so schwierig erscheinen lässt.

Je mehr Einzelentscheidungsvariablen im Reiseentscheidungsprozess herangezogen werden, und je detaillierte die eigenen Fragestellungen in Bezug auf die geplante Reise sind, desto sicherer lassen sich richtige Reiseentscheidungen treffen. Vorgefertigten Entscheidungs-schmata, welche abgearbeitet werden können und eine perfekte Reiseentscheidung garantieren, gibt es nicht. Denn individuelle Reiseentscheidungen werden stets auf Grundlage aktueller Interessen, Ansprüche, Präferenzen, Erfahrungen etc. getroffen. Ob die getroffene Reiseentscheidung richtig war, lässt sich immer erst rückblickend feststellen.

Was tun, wenn man sich nicht entscheiden kann?

Wird von der allgemeinen Annahme ausgegangen, dass uns positive Auswahlentscheidungen relativ leichtfallen, so sollte das auch für das Treffen von Reiseentscheidungen zutreffen. In der Realität gestalten sich Reiseentscheidungen jedoch oft schwierig und langwierig, was die Frage nach möglichen Entscheidungshindernissen aufwirft. Hierfür lassen sich gleich mehrere Gründe anführen.

- Ein erster Grund liegt in unserer Denkweise und den damit verknüpften Verhaltensweisen. Weil der Urlaub zu den wichtigsten und wertvollsten Tagen im Jahr zählt und zudem relativ preisintensiv ist, sind Menschen sehr darauf bedacht, keine Reisefehlentscheidungen zu begehen. Sie investieren deshalb viel Zeit und Kraft bei der Suche nach geeigneten Angeboten. Das Auffinden von immer neuen Angeboten innerhalb dieses Suchprozesses erschwert das Treffen einer finalen Auswahlentscheidung.
- Reisentscheidungen müssen wohl überlegt sein, weil es nach der Reisebuchung kein automatisches Rückgabe- oder Umtauschrecht gibt. Ein Reiserücktritt, der nicht durch eine vorher abgeschlossene Reiserücktrittsversicherung abgedeckt ist, verursacht hohe Stornierungskosten und damit finanzielle Einbußen. Das Wissen um diesen Sachverhalt baut nicht nur Druck auf, sondern führt dazu, dass Reiseentscheidungen sorgfältiger abgewogen werden.
- Ein weiterer Sachverhalt ergibt sich aus den Besonderheiten der Reiseleistung. Neben diversen Sachverhalten, wie dem umgekehrten Residenzprinzip, dem uno-actu-Prinzip oder der Nichtlagerbarkeit von Reisen werden Entscheidungen besonders durch die Immaterialität der Reiseleistung erschwert. Ist es

H.-P. Herrmann, *Psychologie des Urlaubsglücks*, essentials, https://doi.org/10.1007/978-3-662-68153-4_5

möglich, materielle Güter wie Kleidung, Bücher, Fahrzeuge etc. vor der Kauf-
entscheidung anzuprobieren bzw. Buchauszüge zu lesen, so existieren Reisen
zum Zeitpunkt der Reiseentscheidung nur als Vorstellung im Kopf. Diese
Immaterialität erschwert den Entscheidungsprozess, da hier wenige fassbare
Kriterien zur Verfügung stehen, um die Reise auf ihre Geeignetheit zu prüfen
und abzuschätzen.

- Entscheidungsschwierigkeiten resultieren auch aufgrund der vorhandenen
  Angebotsmenge wie aus der Ähnlichkeit von Reisenageboten. Im logischen
  Verständnis wird davon ausgegangen, dass eine größere Auswahlmenge die
  Wahlentscheidung vereinfacht. Aus psychologischer Sicht passiert genau das
  Gegenteil. Je größer die Auswahlmenge, desto schwerer fällt die Auswahl-
  entscheidung. Vielfach kommt noch ein zweiter erschwerender Effekt, der
  Ranschburgsche Hemmungseffekt hinzu, welcher auch unter dem Begriff
  Ähnlichkeitskonflikt bekannt ist. Dieser Effekt besagt, je ähnlicher die Aus-
  wahlobjekte sind, desto schwieriger wird es, sich für eines dieser Objekte zu
  entscheiden. Beide Sachverhalte treffen in aller Regel bei Reisent-scheidungen
  zu und erschweren diese.

- Da Reiseentscheidungen in aller Regel nicht spontan getroffen werden, sondern sich als Prozess über einen längeren Zeitraum vollziehen, kommt es
  zu zwischenzeitlichen Prozessunterbrechungen. Diese Unterbrechungen führen vielfach dazu, dass bisherige Angebote nochmals kritisch reflektiert
  werden. Das kann zur Folge haben, dass Auswahlentscheidungen nachjus-
  tiert werden oder es durch zwischenzeitlich erlangte Zusatzinformationen zu
  Präferenzver-schiebungen kommt und bisherige Findungsergebnisse wieder
  verworfen werden.

Weitere Entscheidungshemmnisse können sich aus einer nicht hinreichenden
Informationsqualität oder der Vertrauenswürdigkeit von Informationen ergeben.
Auch Persönlichkeitsdis-positionen und Alter können einen Einfluss auf Rei-
seentscheidungsprozesse haben. Je größer bspw. das Wissen ist, und je mehr
Reiseerfahrung vorhanden sind, desto mehr detailliertere Informationen werden
vor einer Reiseentscheidung hinterfragt. Da über die Lebensspanne die Plastizität
abnimmt, kann sich dieser Sachverhalt sowohl bei der Einstellung auf neue Rei-
segegebenheiten wie auch bei Entscheidungsfindungen gleichfalls erschwerend
auswirken.

Welche Möglichkeiten gibt es, entstandene Reiseentscheidungshinternisse zu
überwinden?

Mögliche Vorschläge für Entscheidungshilfen können sein:

1. Es besteht die Qual der Wahl, d. h. die Anzahl an infrage kommenden Reiseangeboten ist groß
   Mögliche Entscheidungshilfe:
   Konsequente Reduktion der Auswahlmenge auf zwei oder drei Angebote. Durch die Verkleinerung der Angebotsmenge reduziert sich der Auswahldruck und die Konzentration auf diese wenigen Angebote erlaubt eine verbesserte Vergleichbarkeit

2. Trotz großer Reduktionsbemühungen bleiben mehrere Reiseangebote in der Endauswahl, zwischen denen keine Entscheidung möglich erscheint.
   Mögliche Entscheidungshilfe:
   Eine Operationalisierung der Auswahlkriterien vornehmen. Das heißt, die bestehenden Auswahlkriterien weiter zu konkretisieren. Mit konkreteren Auswahl kriterien werden Unterschiede zwischen den Angeboten sichtbarer, was Entscheidungen erleichtert.

3. Die Reiseangebote sind sich inhaltlich wie preislich sehr ähnlich
   Mögliche Entscheidungshilfe:
   Um die hohe Ähnlichkeit zu überwinden, können entweder wie oben beschrieben, Auswahlkriterien operationalisiert werden oder aber auch weitere Entscheidungskriterien angefügt werden. Die Aufnahme weiterer Entscheidungskriterien verändert vielfach die bisherige Gewichtung und kann hilfreich sein.

4. Die zur Auswahl stehenden Angebote sind wegen ihrer viele Einzelsachverhalte, wie etwa bei Studien- oder Rundreisen, sehr komplex, und behindern die Entscheidungsfindung für ein Reiseangebot.
   Mögliche Entscheidungshilfe:
   Hier könnte ein Wechsel der Fragestellung, weg von der Auswahlentscheidung („Welches der vorliegenden Reiseangebote sagt mir am meisten zu?") hin zur Abwahlentscheidung („Welches der Reiseangebote kommt für mich *nicht* in Frage"?) hilfreich sein. Beim Wechsel der Fragestellung verändert sich die Sichtweise hinsichtlich positiver und negativer Aspekte, was für eine Entscheidungsfindung förderlich sein kann.

5. Das Reiseangebot entspricht meinen Vorstellungen, aber ein Gefühl der Unsicherheit bleibt trotz genauer Angebotsprüfung bestehen.
   Mögliche Entscheidungshilfe:
   Das Reiseangebot „framen", also das Angebot mithilfe anderer Sichtweisen oder anderer Fragestellungen in einen anderen Kontext stellen und neu bewerten. Sollte das Dissonanzgefühl, also Negativgefühl fortbestehen, dann ist zu empfehlen, vom Reiseangebot abzusehen.

6. Die vom Reisemittler vorgestellte Reiseangebote können nicht richtig erfasst werden.

Mögliche Entscheidungshilfe:
Ein möglicher Grund können unterschiedliche Denkstrukturen sein, die bei der Reisevorstellung zwischen Reisemittler und Reisekunde aufeinandertreffen. Um das Reiseangebot besser erfassen zu können, kann man bspw. den Reisemittler bitten, je nach eigener primärer Denkstruktur, das Angebot nochmals erklären zu lassen. Entweder deduktiv, vom Gesamtangebot ausgehend sich zu den Detailleistungen, oder induktiv, d. h. von der Darlegung der Einzelelemente sich hin zur Gesamtreise führen lassen.

7. Moralische Bedenken (wie bspw. Flugscham etc.) erschweren meine Reiseentscheidung.

Mögliche Entscheidungshilfe:
Der Verzicht auf einen Urlaub und damit der Verzicht auf physischer und psychischer Regeneration ist keine optimale Option. Sinnvoller erscheint es, Möglichkeiten zu finden, die eine Auflösung der vorhandenen optimalen Distiktheit bewirken. Etwa die Prüfung von Reisealternativen, die Zahlung einer CO_2-Kompensation, um Naturschutzmaßnahmen zu finanzieren oder die direkte Beteiligung an Umweltmaßnahmen vor Ort, z. B. den Pflanzen von Bäumen und andern Möglichkeiten.

Ungelöste Entscheidungen können zu Entscheidungsfrust führen, der sich in Form von negativen Emotionen zeigt und zugleich den weiteren Entscheidungsprozess lähmt. Deshalb sollte frühzeitig über Lösungsmöglichkeiten nachgedacht werden, wie sich Entscheidungshemmnisse überwinden lassen.

Nur wer seine Reisemotive realisieren kann, hat Aussicht auf Glücksmomente

Am Anfang jeder Reise stehen Reisewünsche, welcher durch Reisemotive hervorgebracht und gesteuert werden. Die Menschen besitzen unterschiedliche Reisemotive und auch deren Ausprägungsstärke ist sehr different. Ob die vorhandenen Reisemotive tatsächlich in Handlungsaktivitäten umgesetzt werden, hängt von der Motivstärke, den Anreizbedingen sowie der persönlichen Motivation, das Ziel erreichen zu wollen, ab. Stark ausgeprägte Motive, die mit einem hohen Motivationspotenzial verknüpft sind, erzeugen einen hohen Umsetzungsdruck. Viele Urlaubsmotive sind anfangs nur latent vorhanden, bauen sich mit zunehmender Dauer auf und drängen dann auf deren Befriedigung. Ein Befriedigungsaufschub erfolgt dann, wenn das Ziel wichtig, aber nicht sofort erreichbar ist und die Aussicht auf deren Umsetzung fortbesteht.

Empirische Untersuchungen zeigen, dass die wichtigsten Reisemotive, die Bundesbürger bewegen eine Reise zu unternehmen, bereits über mehrere Jahrzehnte eine relative Konstanz aufweisen. Die folgende Tabelle (Tab. 6.1) stellt die häufigsten genannten Reisemotiven in unterschiedlichen Erhebungszeiträumen dar, die von der Forschungsgemeinschaft Urlaub und Reisen erhoben wurden. Die Forschungsgemeinschaft Urlaub und Reisen (FUR) gilt mit ihren jährlich erhoben Reiseanalysen als das führende Institut im deutschsprachigen Raum auf diesem Gebiet. Da die Menschen in der Regel nicht nur ein Reisemotiv besitzen, sondern von einem Motivbündel ausgegangen wird, werden Reisemotive über die Möglichkeit von Mehrfachnennungen erhoben.

Die Befriedigung, d. h. die Umsetzung vorhandener Reisemotive ist ein entscheidender Faktor für die spätere Reisezufriedenheit. Denn können angestrebten Motive durch falsche Reiseent-scheidungen nicht oder nur teilweise umgesetzt werden, so entsteht Enttäuschung oder gar Frust. Auch Enttäuschungen, die auf

H.-P. Herrmann, *Psychologie des Urlaubsglücks*, essentials,
https://doi.org/10.1007/978-3-662-68153-4_6

Tab. 6.1 Die fünf häufig genannten Reisemotive unterschiedlicher Jahrgänge bei Erhebungen zur Reiseanalyse der FUR

Rang	Reiseanalyse 1974	Reiseanalyse 2008	Reiseanalyse 2017	Reiseanalyse 2022*
1	Abschalten, ausspannen	Entspannung, kein Stress haben	Sonne, Wärme, schönes Wetter	Abstand zum Alltag
2	Aus dem Alltag herauskommen	Frische Kraft sammeln	Spaß, Freude, Vergnügen haben	Spaß, Freude, Vergnügen haben
3	Frische Kraft sammeln	Abstand vom Alltag gewinnen	Frische Kraft sammeln, auftanken	Sonne, Wärme, schönes Wetter haben
4	Zeit füreinander haben	Frei sein, Zeit haben	Natur erleben	Entspannung, keinen Stress haben
5	Natur erleben	Sonne Wärme, schönes Wetter genießen	Sich verführen lassen	Frische Kraft sammeln, auftanken

* Die hier aufgeführten Reisemotive wurden im Januar 2023 erhoben, Vgl. FUR Reiseanalyse (2022, S. 84)

andere Ursachen zurückzuführen sind oder sich auf wenige Einzelsachverhalte beziehen, können das Empfinden über den gesamten Reiseverlauf hinweg negativ beeinflussen. Es ist daher von einer starken Korrelation zwischen realisierten Reisemotiven und dem Glückerleben auszugehen. Wer seine Reisemotive bei der Reiseplanung berücksichtigt und später umsetzen kann, vergrößert seine Aussicht auf die erhofften Glücksgefühle im Urlaub. Daher kann es ratsam sein, wenn Reiseangebote nicht perfekt erscheinen, nein zu sagen. Hierfür sprechen folgende Argumente:

- Wer in Situationen von Unzufriedenheit nicht nein sagt, übergeht seine eigenen Bedürfnisse und schadet sich selbst,
- Das „Nein-Sagen-Können" ist Ausdruck von Stärke und Unabhängigkeit gegenüber Dritten (Partner, Reisemittlern, etc.),
- Gegenmeinungen, also Ablehnungen die fundiert begründet sind, stellen bei wichtigen Entscheidungen ein korrektiv dar und verhindern Fehlentscheidungen,
- Klare Ablehnungen lassen keine schlechten Kompromissentscheidungen zu.

- „Nein-Sagen-können" ist für die Aufrechterhaltung der Selbstbestimmtheit und für die Durchsetzung von späteren Handlungsentscheidungen wichtig,
- Mit einem klaren Nein lassen sich Ungewissheiten im Entscheidungsprozess beenden.

Das „Nein-Sagen" kann dabei auch auf intelligente Art und Weise erfolgen. Ein klar artikulierter Widerspruch gegen eine Reiseentscheidung ist immer besser, als eine passive Zustimmung. Die Reise muss zu den Bedürfnissen der Person passen. Das Bewusstwerden der eignen Reisemotive und die Einschätzung ihrer Realisierung ist ein entscheidender Baustein zum späteren Urlaubsglück.

Können Urlaubsmotive befriedigt werden, so entsteht eine hohe Zufriedenheit, welche eine wichtige Voraussetzung für den Erholungseffekt darstellt. Somit erlangen Reisen auch eine wirtschaftliche Bedeutung. Neben dem Anteil am Bruttoinlandsprodukt und der Sicherung von Arbeitsplätzen, liegt die Hauptbedeutung des Tourismus in der physischen wie psychischen Regeneration, und damit im Erhalt der menschlichen Arbeitskraft.

Wo die Bundesbürger ihr Urlaubsglück suchen

Die Bundesbürger sind überaus reisefreudig, weshalb diese gelegentlich auch als „Reisewelt-meistern" bezeichnet werden. Diese Reisefreudigkeit lässt sich über verschiedene Kenn-zahlen, insbesondere der Reiseintensität, abbilden. Mit der Kennzahl Reiseintensität wird der Anteil an Bürgern über 14 Jahre gemessen, die jährlich mindestens eine fünftägige Urlaubsreise unternehmen. Seit Mitte 1990iger Jahren, mit Ausnahme der Corona-Pandemiejahre 2020 und 2021, liegt dieser Wert konstant bei über 70 %. Somit unternehmen seit rund drei Jahrzehnten weit mehr als zwei Drittel der Bundesbürger jährlich eine mindestens fünftägige Urlaubsreise. Das Urlaubsreisen weiterhin eine hohe Priorität besitzen, zeigt sich daran, dass im Jahr 2022 mit einer Reiseintensität von 74,9 % (DRV 2023, S. 5) nahezu das Vor-Corona-Niveau wieder erreicht wurde, welches 2019 bei 78,2 % lag. Befragt nach ihren Konsumprioritäten gaben die Bundesbürger in der Reiseanalyse 2022 an, dass Urlaubsreisen nach Lebensmitteln die zweitwichtigste Priorität einnehmen und noch vor den Aspekten Wohnen/Einrichtung oder Gesundheit gesehen werden. (FUR 2023, S. 32).

Obwohl Deutschland für ausländische Gäste überaus attraktiv ist und zu den zehn beliebtesten Reiseländern weltweit gehört, verbringt eine immer größere Zahl der Bundesbürger ihren Haupturlaub im Ausland. Waren es im Jahr 2006 noch 67 % aller Urlaubsreisenden, die eine Auslandreise unternommen hatten, so stieg ihr Anteil im Jahr 2015 auf 71 % und erreichte im Vor-Corona-Jahr 2019 einen Anteil von 74 %. (Vgl. DRV 2007, 2016, 2020). Im Jahr 2022 verzeichnete der Deutsche Reiseverband 52,9 Mio. Reisende ab 14 Jahre, die eine mindestens fünftägige Urlaubsreise unternahmen. 72,9 % dieser Reisenden entschieden sich für eine Auslandsreise und nur 27,1 % für den Urlaub im eigenen Land (DRV 2023, S. 16).

H.-P. Herrmann, *Psychologie des Urlaubsglücks*, essentials, https://doi.org/10.1007/978-3-662-68153-4_7

Die zehn beliebtesten Urlaubsziele der Bundesbürger mit einer Reisedauer von mindestens fünf Tagen waren 2022: Spanien, gefolgt von Italien, der Türkei, Österreich, Kroatien, Griechenland, Frankreich, Polen, Niederlande und Ägypten. Der Anteil an Fernreisen betrug rund 7 %. Die beliebtesten Urlaubsländer Innerhalb Deutschlands waren Bayern, gefolgt von Mecklenburg-Vorpommern, Schleswig–Holstein, Niedersachsen und Baden-Württemberg (Vgl. DRV 2023, S. 17 f.).

Angesichts der statistischen Zahlen stellt sich die Frage, weshalb die Bundesbürger besonders gern ihren Urlaub im Ausland verbringen. Mögliche Gründe hierfür könnten sein:

- Faszination des Neuen und Unbekannten. Neugierde ist Teil der Persönlichkeit,
- Auslandsreisen werden hinsichtlich ihrer Wertigkeit stärker gewichtet und haben gegenüber Dritten eine höhere Anerkennungsrate,
- Die größere Ortsferne vermittelt das Gefühl eines größeren Abstandes zum Alltag,
- Stärkerer Gegensatz zu den gewohnten Lebens- und Verhaltensweisen,
- Sozialisationsprägungen. Damalige Auslandsreisen mit den Eltern und hier gesammelte Reiseerfahrungen werden übernommen und fortgeführt,
- Reisetrends, die Mehrheitlich als Auslandsreisetrend wahrgenommen werden und einen sozialen Druck aufbauen,
- Eigene positive Erfahrungen mit Auslandsreisen, die Reiseeinstellungsänderungen erschweren,
- Das Gefühl, hier emotionale Erlebnisinhalte (Geschmackerlebnisse, Gerüche, Farben, etc.) stärker zu erfahren,
- Eine starke Verknüpfung mit Destinationsassoziationen (smart, sexy, trendy, modern, zukunftsgerichtet), die besonders für jüngere Reisende ansprechend sind.

Werden die Auslandsreisen differenziert nach Zielgebieten betrachtet, so fällt auf, dass das Mittelmeer die Haupttreiseregion der deutschen Touristen ist. Die Analyse der Forschungsgemeinschaft Urlaub und Reisen (FUR) weist für 2022 hierzu einen Anteil von 40 % (2023, S. 14) aller deutschen Touristen aus. Die Reiseform Badeurlaub/Strandurlaub hatte 2022 mehr Reisende als die Reiseformen Natururlaub, Städtereisen und Gesundheits-/Wellnessurlaub zusammen. Die 10-Top-Ziele nach der Reiseform Badeurlaub/Strandurlaub waren: Spanien, Türkei, Italien, Griechenland, Kroatien, Mecklenburg-Vorpommern, Schleswig–Holstein,

Portugal, Ägypten und Frankreich (FUR 2022, S. 55) Für die überaus starke Prä-
ferierung der Mittelmeerregion scheinen sowohl pragmatische, psychologische
wie auch mentale Gründe eine Rolle zu spielen. So gibt es im Mittelmeerraum
eine gut ausgebaute touristische Infrastruktur, es bestehen gute Verkehrsanbindun-
gen mit relativ kurzen Fluganreisezeiten und auch das Preis-Leistungsverhältnis
wird als gut eingeschätzt. Die Länder des Mittelmeerraumes gelten als sichere
Reiseländer und genießen insgesamt ein positives Image. Ein weiterer positiver
Aspekt ist, dass hier ein mediterranes Klima vorherrscht, welches allgemein von
den Bundesbürgern geschätzt wird. Zudem beziehen sich die Hauptangebote alle
großen Reiseveranstalter auf Länder der Mittelmeerregion, weshalb diese besonders beworben werden und so einen unbewussten Angebotsdruck erzeugen. Von
den Werbedarstellungen selbst gehen Reizimpulse aus, die den Betrachter emo-
tional ansprechen und Gedächtnisspuren hinterlassen. Ausgewählte Begriffe wie
beispielsweise „Meer" oder „mediterranes Klima" reichen meist schon aus, um
positive Assoziationen zum Mittelmeer zu erzeugen.

Werden neben dem Mittelmeer noch weitere wichtige Reiseziele der Bundesbürger betrachtet, so zeigt sich auch hier ein primär wasserbezogener Des-
tinationstrend. Dieses betrifft die Skandinavischen Länder, Ägypten mit seinen
Urlaubsdestinationen am Roten Meer, Bulgarien mit seinen touristischen Zielgebieten am Schwarzen Meer oder das Reiseland Polen mit seiner touristisch
ausgelegten Ostseeküste. Auch bei drei der vier begehrtesten deutschen Bun-
desländer (Mecklenburg-Vorpommern, Niedersachsen und Schleswig–Holstein)
liegen die touristischen Hauptziele an der Ost- und Nordsee sowie an der
Mecklenburgischen Seenplatte.

Warum die touristische Präferenz für Urlaubsgebiete am Wasser so außerge-
wöhnlich hoch ist, wurde bisher nicht umfänglich wissenschaftlich untersucht.
Ein möglicher Erklärungsansätze für die hohe Affinität könnte sich aus seinem
kulturgeschichtlichen Stellenwert ergeben, den das Wasser in der Menschheitsent-
wicklung einnimmt. Ohne Wasser gibt es kein Überleben und die Entwicklung
moderner Kulturen fand an Flüssen statt.

Das präferierte Reiseziel Meer lässt sich unter der tourismuspsychologischen
Betrachtungs-weise auch als Sehnsuchtsort auffassen, wo vielfältige Urlaub-
sassoziationen entstehen, die unterschiedliche Bereiche, Gegebenheiten und
Bedürfnisse vereinen. Hierzu gehören bspw.:

• Die Weite und Unbegrenztheit des Meeres (die scheinbar unendliche Weite
  des Meeres sowie die verschwimmende Grenze zwischen Meer und Himmel)
• Das Meer selbst (seine hellblaue Farbe, die Leichtigkeit der Wellen, Meeres-
  rauschen, etc.)

- Den ihn umgebenden Bereich (Sandstrand, Sonne, blauer Himmel, Dünen, etc.)
- Ort, die den Reiz des Besonderen tragen, oder durch emotionale Erlebnisse und Erlebnisse aufgesucht werden (Sonnenuntergänge, das Erleben besonderer atmosphärischer Stimmungen, etc.)
- Lebensbejahende Erlebnisse (der Begegnung von Menschen, die Glück und Zufriedenheit ausstrahlen, in positiver Bewegung sind und Offenheit und Zuneigung zeigen)
- Sonstige Assoziationen zum Meer (Erinnerungen an Literatur und Filme in Bezug auf Liebesgeschichten am Meer, Kreuzfahrterlebnisse, Lebensfreude am Strand, in Strandcafes etc.).

Die Reisenden haben, die an diesen Orten waren, positive Erinnerungen und werden mit hoher Wahrscheinlichkeit hier auch weiterhin positiv Erfahrungen sammeln. Die Mittelmeerregion wie auch wasserbezogene Destinationen werden daher auch in Zukunft mit hoher Wahrscheinlichkeit die bevorzugten Reiseregionen der Bundesbürger bleiben.

Psychologische Aspekte des Reise- und Urlaubserlebens

Reise- und Urlaubserlebnisse benötigt Authentizität und werden erst in der unmittelbaren Erlebnissituation fühlbar. Ein schöner Reisedokumentar- oder Urlaubsfilm kann bildliche Ansichten und Informationen vermitteln, aber keine echten Urlaubsgefühle erzeugen. Das Gehirn, welches die dargebotenen Informationen verarbeitet, erkennt schnell, dass man sich nicht an einem echten Urlaubsort befindet. Etwa daran, dass die dargestellten Sachverhalte nicht real und gegenständlich dreidimensional sind, sondern sich nur als zweidimensionale Abbildungen zeigen. Auch fehlende Begleiterscheinungen zu den gezeigten Inhalten, wie zugehörige Temperaturempfindungen, Gerüche, Wind- und Lichtempfindungen, taktile Reize etc. verraten, dass wahrgenommenen Inhalte nicht „echt" sind, sondern wir einer Fiktion unterliegen. Unmittelbar nach dem Film erfolgt eine Zurückversetzung in das alltägliche Hier und Jetzt. Visuelle Reisen können daher das echte emotionale Erleben, welche mit einer Ortsveränderung verbunden ist, nicht ersetzen.

Die jeweilige Intensität des realen Urlaubserlebens wird von einer Vielzahl individueller Faktoren, wie beispielsweise der Erlebnisfähigkeit, Aspekte der Aufmerksamkeitslenkung, die Verarbeitung der aufgenommenen Reize, die persönliche Bedeutungszuschreibung des Ereignisses oder auch durch die konkrete Umfeldsituation, in der man sich befindet, beeinflusst.

Touristische Grundgegebenheiten wie Unterkünfte, Stände, Sonne, Wasser, Berge, etc. sind weitgehend austauschbar. Was bleibt, sind besondere emotionale Momente, kulturelle Erlebnisse und soziale Begebenheiten, die wir mit diesen Orten verbinden.

Menschen sind zwar in der Lage, Rahmenbedingungen und Wahrscheinlichkeiten für gewünschte Reise- und Urlaubserlebnisse zu schaffen, können aber

H.-P. Herrmann, *Psychologie des Urlaubsglücks*, essentials, https://doi.org/10.1007/978-3-662-68153-4_8

nicht voraussagen, wie intensiv und unmittelbar sie später von diesen Erlebnissen berührt sein werden. Erst nach dem Erleben selbst, sind entsprechende
Beurteilung möglich. Stimmen die Vorstellungen mit dem Erleben nicht überein,
so entsteht häufig ein Gefühl der Enttäuschtheit. Aktuelle positive wie negative
Gefühls- und Stimmungslagen haben einen unmittelbaren Einfluss auf die jeweiligen Denk- und Verhaltensweisen. Positive Gefühle und Urlaubsstimmungen
beeinflussen. (Herrmann 2016, S. 137) die:

- Handlungsbereitschaft
  In positiven Stimmungen sind Personen unternehmensfreudiger und haben
  ein größeres Erkundungsinteresse. Die Bereitschaft, sich innerhalb sozialer
  Gruppen einzubringen, steigt.
- Informationsverarbeitung
  Personen in positiven Stimmungen sind bereit, mehr Informationen aufzuneh-
  men und zu verarbeiten. Bei Führungen und Ausflüge wird in Gruppen, welche
  eine positive Stimmung aufweisen, tendenziell mehr gefragt. Eine positive
  Gruppenstimmung signalisiert den Einzelpersonen, dass keine Probleme oder
  Gefahren bestehen.
- Denkstile
  In positiven Stimmungen sind Personen kreativer und eher bereit, Neues
  auszuprobieren. Hingegen agieren Personen in negativen Stimmungen vor-
  sichtiger und greifen eher auf Sachverhalte oder Angebote zurück, die ihnen
  bekannt und vertraut sind. Reisegruppen mit einer negativen Grundstimmung
  sind deshalb kaum bereit, von vorgesehenen Routen oder Programmpunkten
  abzuweichen.
- Erinnerung
  Stimmungen wirken sich auf das Gedächtnis aus. In positiven Stimmun-
  gen werden Wahrnehmungen besser verarbeitet und abgespeichert. Positive
  Sachverhalte werden später quantitativ mehr erinnert, und die Erinnerung
  fällt leichter, wenn der Abruf ebenfalls in einer positiven, anstatt negativen
  Stimmung erfolgte.
- Interaktion mit anderen Personen
  Positive Stimmungen erhöhen die Kommunikationsbereitschaft und den
  Wunsch nach sozialer Einbindung. Positive Erlebnisse will man mit anderen
  Menschen teilen, die ähnliche Urlaubserfahrungen gesammelt haben und sich
  ebenfalls in einer positiven Gefühlsstimmung befinden.
- Leistungsfähigkeit
  Menschen fühlen sich bei guter Stimmung aktiver und leistungsfähiger.

Menschen, die sich in einer positiven Stimmungslage befinden, bringen dieses durch ihre Mimik und Gestik, der Zugewandtheit sowie einer erhöhten Kommunikationsbereitschaft offen zum Ausdruck. Das kann helfen, dass sich insgesamt eine positive Stimmung aufbaut und diese sich auf andere Urlauber überträgt.

Reiseveranstalter und touristische Leistungsträger haben erkannt, dass die Zufriedenheit der Gäste nicht nur von der Bereitstellung gewünschter Angebote und einem qualitativ hochwertigen Service abhängt, sondern auch die erlebte Umfeldsituation mitentscheidend ist. Moderne Ferienanlagen werden heute, im Gegensatz zu früheren Bettenburgen, architektonisch anders gestaltet. Sie sind naturbelassener, weitläufiger, abwechslungsreicher und besitzen mehr Kommunikationstreffpunkte, wo soziale Begegnungen möglich sind.

Das Wahrnehmungs- und Zeitempfinden im Urlaub

Die Wahrnehmung und Verarbeitung von Informationssachverhalten vollzieht sich als Prozess. Hierbei werden vorhandene Reize von den jeweiligen Wahrnehmungsorganen aufgenommen, gefiltert, transduktiert und in den sensorischen Nervenbahnen zum Gehirn weitergeleitet. Erst hier entsteht ein Bewusstsein darüber, was wahrgenommen wird. Obwohl sich dieser Informationsverarbeitungsprozess stets in gleicher Weise vollzieht, kommt das Gefühl auf, im Urlaub ein anderes Wahrnehmungs- und Zeitempfinden zu haben. Dieses Empfinden entstehen, weil das Erleben jetzt in einem anderen Umfeldkontext stattfindet. Die neue Urlaubsumgebung führt zur Verschiebung von bisherigen Wahrnehmungsinhalten. Um sich am neuen Ort bestmöglichst zu orientieren und sich dem Urlaubsgeschehen anzupassen, richtet sich die Aufmerksamkeit jetzt primär auf urlaubsrelevante Aspekte. Zugleich verändert sich mit der Entbindung von Arbeits- und Alltagspflichten die bisherige Zeitstrukturierung. Das größere Freizeitvolumen ermöglicht eine höhere Zeitautonomie und führt zu einer veränderten Zeiteinstellung. Die Veränderungen im Wahrnehmungs- und Zeitempfinden spiegelt sich dabei in einer Vielzahl von Einzelsachverhalten wider.

Typische Beispiele für Wahrnehmungsveränderungen sind:

- Verändertes Preisempfinden (Artikel und Gegenstände werden weniger preisintensiv wahrgenommen, es erfolgen großzügige Rundungseffekte bei Fremdwährungen wie auch die Bereitschaft, Geld für schöne Dinge auszugeben, steigt)
- Urlaubsfarben, Gerüche, taktile Empfindungen und andere Umgebungsreize werden intensiver wahrgenommen
- Tendenziell werden mehr positive Dinge wahrgenommen

H.-P. Herrmann, *Psychologie des Urlaubsglücks*, essentials, https://doi.org/10.1007/978-3-662-68153-4_9

- Erlebnisse finden eine größere Beachtung und werden stärker als im Alltag gewichtet
- Detailbetrachtungen nehmen zu
- Die Selbstwahrnehmungsreflexion nimmt zu (z. B. werden mehr Selfis als im Alltag erstellt)
- u. a.

Typische Beispiele für Veränderungen der Zeitwahrnehmung sind:

- Wahrnehmungen von Veränderung des biologischer Zeitrhythmus. (Ohne Wecker ändert sich schrittweise der Schlafrhythmus bzw. Tag-Nacht-Rhythmus)
- Das Negativgefühl von Zeitdruck nimmt ab
- Die Einschätzung von Zeitangaben (Uhrzeiten) wie auch Einschätzung zur zeitlichen Länge bestimmter Tätigkeiten wird ungenauer
- Urlaubszeiten, die mit positiven Erlebnisinhalten gefüllt sind, werden als zeitlich überaus „kurz" erlebt.
- Warte- und sogenannte Leerlaufzeiten werden hingegen tendenziell als länger und als belastender als im Alltag empfunden
- u. a.

Die individuelle Wahrnehmung von Zeit wird besonders durch die Intensität und der Aufeinanderfolge von Ereignissen geprägt. Das jeweilige Zeitempfinden am Urlaubsort lässt sich daher durch den Umfang von Urlaubsaktivitäten und deren Intensität beeinflussen. Reihen sich viele Ereignisse innerhalb eines Zeitraumes nahe aneinander, so vergeht die Zeit in der Wahrnehmung schnell. Ist der Zeitraum mit nur wenigen Ereignissen ausgefüllt, so entsteht das Gefühl, die Zeit vergeht langsam. Kehrt sich dieses Zeitempfinden in der späteren Erinnerung um, so spricht man vom subjektiven Zeitparadoxum. Diesen Effekt erleben besonders häufig Reisende nach einem Kombinationsurlaub von Rundreisen mit anschließenden Badeaufenthalten. Während die Rundreise, die mit vielen interessante Aktivitäten angefüllt ist, im Zeitempfinden schnell vergeht, wird der Badeaufenthalt mit seinen relativ geringen Aktivitäten zunächst als zeitlich länger erlebt. In der späteren Urlaubserinnerung entsteht dann eine Umkehrung dieser Wahrnehmung. Die Rundreise wird in der Erinnerung nun als wesentlich länger erlebt, als die Tage am Strand.

Zeit wird als ein wertvolles Gut angesehen, weil sie weder käuflich erworben, angespart oder vermehrt werden kann. Vorhanden Zeit kann nur sinnvoll genutzt werden. Der Urlaubszeit wird ein besonders hoher Stellenwert zugeschrieben, weil sie zeitlich begrenzt ist und zugleich als „besondere" Lebenszeit erfahren wird. Wegen ihrer zeitlichen Begrenztheit wird versucht, jeden Urlaubstag möglichst sinnvoll zu nutzen. Ein zu hoher Effizienzgedanke, den Urlaub bestmöglichst auszugestalten, kann sich auch in sein Gegenteil verkehren. Negative Gefühle in Verbindung mit Zeit entstehen immer dann, wenn es zum sogenannten „Zeitstress" kommt. Zu viele oder zeitlich falsch geplante Urlaubsaktivitäten führen zur Zeitnot und damit zu einem negativen Stressempfinden. Voraussetzung für eine positive Grundstimmung ist eine zeitlich andauernde Unbeschwertheit, die frei von Stress- und Dissonanzreaktionen ist.

Über die Gestaltung der Urlaubszeit haben wir es zum Teil selbst in der Hand, ob positive oder negative Zeitempfindungen entstehen.

Flow – das Streben nach dem perfekten Urlaubsglücksgefühl

Der Ansatz des Flow-Erlebens wurde in den 1970iger-Jahren vom amerikanischen Psychologen Milhaly Csikszentmihalyi entwickelt. Csikszentmihalyi ist Mitbegründer und Verpfechter der Positiven Psychologie, welche sich mit den Phänomenen positiver Empfindungen wie Freude, Glück und Optimismus auseinandersetzt. Seine Flow-Theorie entwickelte er auf Grundlage von Beobachtungen und Analysen in verschiedenen Lebensbereichen. Mit dem Begriff „Flow" beschreibt Csikszentmihalyi ein Zustand der völligen inneren Harmonie, die einsetzt, wenn Menschen in ihrer Tätigkeit aufgehen (Vgl. Herrmann 2020, S. 97). Es stellt sich hierbei ein Gefühl der inneren Zufriedenheit ein, bei der die Raum- und Zeit-Wahrnehmung verloren geht und ein Zustand des „Schwebens" einsetzt. Personen, welche diesen Zustand beschreiben, charakterisier ihn als „im Fluss" sein, wo sich ein inneres Gleichgewicht hin zum eigenen Selbst entwickelt. Der „Flow hilft, das Selbst zu integrieren, weil das Bewusstsein im Zustand höchster Konzentration gewöhnlich gut geordnet ist. Gedanken, Absichten, Gefühle und alle Sinne sind auf das gleiche Ziel gerichtet. Diese Erfahrung heißt Harmonie" (Csikszentmihalyi 1990, S. 76).

Das Erreichen eines Flow-Zustandes wurde zuerst bei einer Reihe sportlicher Tätigkeiten wie Langstreckenläufe, Bergsteigen, Segeln, Fallschirmspringen usw. beobachtet und später in viele weiteren Lebensbereichen bestätigt.

Die schematische Darstellung des Flow's erfolgt in Form eines Flow-Pfades oder Flow-Kanals, der sich zwischen den Kriterien hoher Anforderungen und vielfältigen Fähigkeiten bewegt (Vgl. Burow 2011, S. 64) Der Flow-Zustand entsteht weniger beim Nichtstun, sondern durch aktivierende Herausforderungen. „Wissenschaftlich formuliert ist Flow ein Zustand, bei dem spezielle Fähigkeiten und hohe Herausforderungen zusammentreffen. Ein Versinken im Moment ist die

Folge, sodass es zu einer rein intrinsischen, also innerlichen, Motivation kommt, dank derer man sich selbst herausfordernde Ziele setzt" (Creusen et al. 2010, S. 48 f.). Menschen streben nach Flow-Erlebnissen, weil sie sich nach einem Zustand sehnen, wo sie hierbei den Stress und Alltagssorgen völlig ausblenden können.

Reiseveranstalter und touristische Leistungsträger wissen, dass eine hohe Zufriedenheit sehr entscheidend für die Weiterempfehlung wie auch für eine hohe Wiederholungsrate ist. Daher stößt der Flow-Gedanke im Tourismus auf ein zunehmend größeres Interesse. Beim Flow ist nicht das Momentum das Entscheidende, sondern deren spätere Reflexion. „Während des Flow-Zustandes erleben wir nur wenige positive Emotionen. Rückblickend wird das Erlebnis allerdings zumeist als sehr erfüllend empfunden und sehr positiv bewertet" (Fetchenhauer 2011, S. 62) Auch Csikszentmihalyi sieht den Flow selbst nicht als den Haupteffekt an, wenn er schreibt: „Und wenn die flow-Episode vorbei ist, fühlt man sich gesammelter als zu vor, nicht nur innerlich, sondern auch mit Blick auf andere Menschen und die Welt im Allgemeinen", (Csikszentmihalyi 1990, S. 76) sondern seine daraus resultierenden Folgewirkungen.

Während bei bestimmten Reiseformen, insbesondere bei Aktivreisen sehr gute Voraussetzungen für ein Flow-Erleben gegeben sind, gestaltet sich das bei anderen Reiseformen schwierig. Sowohl in den Studien von Csikszentmihalyi selbst (Vgl. Csikszentmihalyi 1990, S. 147) wie in nachfolgend durchgeführten Studien zeigt sich, dass Freizeitaktivitäten mit geringer Anspannung selten zum Flow-Erleben führen. Soll erreicht werden, dass wesentlich mehr Gäste in ein tiefes Glücksgefühl eintauchen, so sind für Bade- und Erholungsreisen neue Aktivierungskonzepte notwendig. Die Aktivitäten müssen anspruchsvoll sein und sich zwischen den Polen von Spannung und Entspannung bewegen, ohne dass sich die Gäste unterfordert noch überfordert fühlen. Angebote, die sich deutlich von bisherigen Animationsangeboten, welche vordergründig auf Mitmach-Spaß ausgerichtet sind, unterscheiden. Damit der Floweffekt eintritt, müssen eine Reihe von Voraussetzungen gegeben sein.

• Die Ziele müssen durch die Gäste bzw. Teilnehmer selbst gesetzt werden. Bei bereits vorgegeben oder gesetzten Zielen (z. B. Bewältigung einer bestimmten Trekking- oder Wandertour) müssen sich die Teilnehmer mit diesen identifizieren und hierbei eine hohe Motivation aufweisen.
• Zur Erreichung des Ziels müssen die Gäste bzw. Teilnehmer eigene Fähigkeiten, Fertigkeiten und Erfahrungen einsetzen.

- Während der Tätigkeitsausübung sollen die Gäste bzw. Teilnehmer eine kontinuierliche und unmittelbare Rückmeldung über ihre Fortschritte oder Teilerfolge erhalten.
- Die Gäste bzw. Teilnehmer müssen befähigt sein, ihre Aktivitäten selbst zu steuern und diese situationsgerecht zu kontrollieren.
- Die Aufmerksamkeit, d. h. die Konzentration muss ganz auf die eigenen Aktivitäten gerichtet sein. Andere Aspekte, die hiervon ablenken, müssen weitgehend ausgeblendet werden.
- Die Aufgabe, d. h. das Ziel muss erreichbar sein und darf in der Umsetzung nicht durch Angst begleitet sein.

Zusammenfassend lässt sich das Flow-Konzept wie folgt umschreiben: „Man könnte auch sagen, dass Flow ein Höchstmaß an Leistungen bei einem gleichzeitigen Maximum von Spaß, Freude und Identifikation mit der Tätigkeit ist" (Creusen et al. 2010, S. 47).

Ein anderes Tourismuskonzept, welches ebenfalls auf Zufriedenheit und Glück der Gäste hinarbeitet, ist der Slow-Tourismus. Während das Flow-Konzept auf einer anspruchsvollen Aktivierung aufbaut, steht beim Slow-Tourismus die Entschleunigung im Mittelpunkt. Beim Slow-Konzept steht die Gewinnung einer inneren Einstellung im Vordergrund, die auf das Erleben von Ruhe und Ausgeglichenheit gerichtet ist, der einen Kontrast zur Arbeits- und Alltagswelt darstellen soll.

Kann man im Alter noch immer glücklich Reisen?

Glück erleben und glücklich sein ist über die gesamte Lebensspanne möglich. Daher ist Glück keine Frage des Alters. Statische Erhebungen zeigen, dass das Reisen im Alter noch immer einen hohen Stellenwert einnimmt. Legt man die Reiseintensität zugrunde, also die Messung des Anteils der Bevölkerung, die jährlich eine mindestens fünftägige Urlaubsreise unternimmt, so liegt die Reiseintensität der über 60-jährigen nicht wesentlich unter denen anderer Altersgruppen. In der Erhebung zur Reiseanalyse 2022, welche vom Forschungsinstitut für Urlaub und Reisen (FUR) durchgeführt wurde, stellt sich das Reiseverhalten der unter-schiedlichen Altersgruppen zahlenmäßig wie folgt dar (FUR 2022, S. 56):

Singles (Personen bis 60 Jahre ohne Partner und Kinder) = 11,5 Mio.
Junge Paare (Personen unter 60 Jahre ohne Kinder) = 17,0 Mio.
Familien (Personen mit Kindern unter 14 Jahre) = 11,0 Mio.
Senioren (Paare und Alleinreisende über 60 Jahre und ohne Kinder) = 15,6 Mio.

In dieser Studie wurden auch die Kurzurlaubsreisen (Reisedauer von zwei bis vier Tage) der Bundesbürger erfasst, die zum Zeitpunkt der Reise 76 Jahre oder älter waren. Selbst in dieser hohen Altersgruppe wurden noch 1,9 Mio. Kurzreisende gezählt, was eine Kurzurlaubsintensität von 22,2 % ergibt (Vgl. FUR 2022, S. 20). Diese Zahlen zeigen, dass das Reisen über die gesamte Lebensspanne seine hohe Bedeutung beibehält und Reisen im Alter als Möglichkeit des Erlebens von Lebensqualität geschätzt wird. Werden die empirisch erhobenen Zahlen zum Reiseverhalten der älteren Menschen mit bestehenden Alterstheorien verglichen, so gibt es hier eine hohe Korrelation zur Kontinuitätstheorie und

H.-P. Herrmann, *Psychologie des Urlaubsglücks*, essentials, https://doi.org/10.1007/978-3-662-68153-4_11

zur Aktivitätstheorie. Die Kontinuitätstheorie besagt, dass erfolgreiches Altern auf innere und äußere Kontinuität beruht, die mit der Aufrechterhaltung des individuellen Lebensstils einhergeht. Die Aktivitätstheorie geht davon aus, dass ältere Menschen über ihre aktive Teilnahme am Umweltgeschehen eine hohe Selbstzufriedenheit erlangen und bisherige Aktivitäten bis ins hohe Alter fortführen. Ältere Menschen sehen sich tendenziell selbst positiver, jünger, vitaler oder kompetenter, als es ihnen von Außen, in Form von stereotypen Einordnungen, zugeschrieben wird.

Solange es körperlich, geistig und finanziell möglich ist, unternimmt, wie die statistischen Zahlen zeigen, ein größerer Teil der älteren Bevölkerung noch Reisetätigkeiten. Das Reise- und Urlaubsverhalten passt sich dabei über die Lebensspanne den jeweiligen Fähigkeiten an. Der Anpassungsprozess zeigt sich beispielsweise in der Veränderung von Reisebedürfnissen. Aspekte wie Sicherheit, Leistungsqualität, Betreuung, Affiliation nehmen im Alter zu. Gleich-zeitig verändert sich über die Lebensspanne das Zeit- und Raumempfinden. Die Verschiebung der Lebensanteile von Vergangenheit und Zukunft führt zu einer scheinbar schnelleren Vergänglichkeit der Zeit. Damit verbunden ist häufig eine größere Bewusstheit der Lebenszeit sowie eine höhere Wertschätzung von Sinnhaftigkeit und Sinnlichkeit. Letzteres zeigt sich neben dem anhaltenden Grundbedürfnis nach Erholung in einem gesteigerten Interesse für Kultur, Kunst, Geschichte, Landschaften etc. Den bisherigen Reise- und Lebenserfahrungen stehen mit zunehmendem Alter auch Probleme gegenüber, die sich als reiserelevante Hemmnisse oder Barriereschwierigkeiten umschreiben lassen. Sie sind Folge von Veränderungen auf der biologischen, psychologischen und sozialen-mentalen Ebene im natürlichen Alterungsprozess. Typische Beispiele hierfür sind:

• Abnehmende Plastizität (z. B. Anpassungsfähigkeit an neue Gegebenheiten)
• Steigendes Sicherheitsbedürfnis (Angst und Unsicherheiten sich allein in neuen und nicht gewohnten Umgebungen zu bewegen)
• Erhöhte Unsicherheit (z. B. bei Ein- und Ausreisekontrollen, Nichtverstehen der Fremdsprache, Respekt vor Grenz- und Zollbeamte, etc.)
• Orientierungsschwierigkeiten (z. B. auf großen Flughäfen, Orientierung in neuen Destinationen, etc.)
• Abnahme der Hör- und Sehfähigkeiten und der Informationsaufnahme (z. B. wichtiger reiserelevanter Informationen, Ansagen nicht zu hören oder zu verstehen)
• Zunahme allgemeiner Ängstlichkeit (Angst vor Dokumentenverlust, vor betrügerischen Handlungen, im Ausland zu Erkranken, Gepäckverlust, etc.)

- Abnehmende Flexibilität im Umgang mit Problemsituationen (z. B. bei Flugzeitverschiebungen, Reisezieländerungen, auftretenden Reisemängel, etc.)
- Technische Hürden (elektronische Reisebestätigungen, Einreiseanmeldungen, etc.)
- etc.

Viele Reiseveranstalter haben sich auf diese Zielgruppe eingestellt und unterbreiten entsprechende Reiseangebote, die auf die Bedürfnisse dieser Reisenden zugeschnitten sind. Da der Begriff „Seniorenreisen" im Sinne einer Altersstereotypisierung diskriminierend wirkt, wird er seit Jahren von der Mehrheit der Reiseveranstalter und touristischen Leistungsträger nicht mehr verwendet. Im Sprachgebrauch wurden sie durch andere Bezeichnungen, wie etwa „BestAger" ersetzt. Aufgrund der demografischen Entwicklung nimmt der Anteil älterer Menschen in den kommenden Jahren weiter zu. Mit großer Wahrscheinlichkeit führt es dazu, dass sich die Reisenachfrage in dieser Zielgruppe erhöhen wird. Die älteren Menschen werden auch weiterhin Lust am Reisen haben. Glückliches Reisen ist keine Frage des Alters, sondern der richtigen altersgerechten Voraussetzungen und Bedingungen.

Wenn Stress das Urlaubsglück beeinträchtigt

Mit dem Begriff „Urlaubsstress" werden unterschiedliche Belastungsaspekte zusammengefasst, welche mit einer Urlaubsanreise oder dem Aufenthalt am Urlaubsort in Verbindung stehen. Es erscheint widersprüchlich, dass man Stress mit Urlaub in Verbindung bringt, aber in der Reiseanalyse 2015 gaben von den Befragten nur 75 % an, sich im Haupturlaub erholt zu haben (Vgl. Lettel-Schröder, M. fvw Nr. 06/2016, S. 46) Daraus folgt, dass sich 25 % der Bundesbürger nach ihrer Haupturlaubsreise nicht oder nur unzureichend erholt fühlen. Es kann dabei von der Annahme ausgegangen werden, dass wesentliche Günde hierbei im erlebten „Urlaubsstress" liegen. Die bestehende Korrelation von Stress und Nichterholung ist aus dem Alltag bekannt und ist auf die Urlaubszeit übertragbar. Stress entsteht durch Reizge-gebenheiten, welche durch physische, psychische oder soziale Stressoren ausgelöst und als Belastung wahrgenommen werden. „Als Stress bezeichnet man ein Muster von Reaktionen des Orga-nismus auf Ereignisse, welche das Gleichgewicht des Organismus und seine Bewältigungsressourcen beanspruchen und übersteigen" (Heinz 2008, S. 69). Die Vielzahl unterschiedlicher Stressoren, welche sich auf das Reise- und Urlaubser-lebnis negativ Auswirken können, lassen sich entlang der Reiseverlaufskette wie folgt darstellen:

(A) **Vorbereitungsstress** (Auswahl):

- Abschluss beruflicher Aufgaben und Übergaben offener Sachverhalte
- Notwendige Einkäufe und Beschaffungen (Medikamente, Kleidung, Ausrüs-tungen, Dokumentenbesorgung)

- Abwesenheitsorganisation (Blumengießen, Briefkastenleerung, Abfalltonnen aufstellen, etc.)
- Kofferpacken (Unterbringung aller Sachen, keine Gewichtsüberschreitungen, nicht Wichtiges zu vergessen, etc.)

(B) Anreisestress (Auswahl):

- „Kontrollstress" vor der unmittelbaren Abreise (sind alle notwendigen Reiseunterlagen eingepackt, Tür abgeschlossen, elektrische Geräte ausgeschalten, etc.)
- Zeitstress (z. B. verbleibendes Zeitfenster zum Flughafen, um den Flieger nicht zu verpassen, Wartezeiten am Flughafen, Flugverspätungen, etc.)
- Umfeldbelastungen (Geräuschkulisse, Kontrollen, eingeschränkte Bewegungsmöglich- keiten)
- Überlange Reisezeiten

(C) Belastungen am Urlaubsort (Auswahl)

- Klimaumstellung (Anpassung an Hitze, Kälte und andere Klimafaktoren)
- Crowding (Negatives Empfinden an sozialer Dichte)
- Zeitanpassungen (z. B. als Folgewirkung des Jetlags)
- Unmittelbare Umfeldbelastungen (z. B. Geräusche von Klimaanlagen, ungewohnte Betten u. a., die schlafbelastend wirken)

(D) Soziale Belastungen und persönliche Negativerfahrungen

- Partnerschaftskonflikte und Konflikte mit Dritten
- Serviceleistungen (Unzufriedenheit, Last der Beschwerde, etc.)
- „Leerlauf- und Wartezeiten" (Frust über nicht sinnvoll nutzbare Urlaubszeit)
- Nichtabschalten vom Alltag (Handynutzung, Sorge um zu Hause gebliebene Angehörige oder Tiere)
- Gefühl von unzureichenden sozialen Kontakten (Affiliationswünsche)

(E) Ängste und Belastungsstörungen

- Aviophobie (Flugangst)
- Weitere phobische Störungen (Akrophobie, Klaustophobie, Tierphobien etc.)

- Akute Belastungsreaktionen (sexuelle Übergriffe, Verlust von Geld und Dokumenten, Zeuge von Ereignissen, bei denen Personen verletzt werden oder zu Tode kommen)
- Somatisierungsstörungen (Dysmorphobie, Noso, etc.)

Jede Person erlebt und verarbeitet Stress unterschiedlich und reagiert hierauf in einer individuellen Sensivität. Die jeweiligen Stressreaktionen zeigen sich auf drei Unterschiedlichen Ebenen. Der emotionalen Ebene (z. B. in Form von Frustration, Aggressivität, Ärger), der physisch-motorischen Ebene (z. B. durch Bewegungszunahme, motorische Unruhe) und der kognitiven Ebene (z. B. durch Wahrnehmungsverzerrungen, Ausblendung).

Die stärksten negativen Stressgefühle entstehen durch Ängste und extremen persönlichen Belastungserlebnissen. Zeigen Menschen nach tiefgreifenden negativen Belastungserlebnissen hierauf keine unmittelbare und angemessene Reaktion, so wird dieses Ereignis zunächst verdrängt und zeigt sich oft erst nach Wochen oder Monaten in Form einer Posttraumatischen Belastungsstörung.

Einige Stressfaktoren, wie dem Jetlag, der beim Überfliegen mehrerer Zeitzonen einsetzt, oder dem Vorhandensein einer Aviophobie kann man nur bedingt ausschalten. Bei anderen Stressfaktoren liegt es hingegen in der Hand des Reisenden, diese zu umgehen oder stark zu minimieren. Wenn beispielsweise viele notwendige Urlaubsvorbereitungen erst unmittelbar vor Reiseantritt erledigt werden, entsteht ein Gefühl der „Zeitverknappung", welches als Stress empfunden wird. Dieses Stressgefühl wirkt nach, was ein schnelles Umschalten auf den Urlaubsmodus erschwert. Je intensiver die Stressbelastung im Vorfeld, desto mehr Urlaubszeit wird benötigt, um den erlebten Stress zu verarbeiten. Erst nach deren Abbau kann der eigentliche Erholungsprozess einsetzen. Diese Zeitspanne lässt sich nachträglich nicht verkürzen und fehlt in der „Urlaubsregenerationsbilanz". Stressfreiheit spielt eine wesentliche Rolle bei der Entwicklung positiver Urlaubsgefühle und damit für das Erleben eines glücklichen Urlaubs.

Den Urlaub achtsam genießen

Achtsamkeit bedeutet, sich ganz im Hier und Jetzt zu befinden. Der Focus der Achtsamkeit ist dabei primär auf den gegenwärtigen Augenblick ausgerichtet. Achtsamkeit geht jedoch über die bewusste Erfassung des Augenblicks hinaus. Das eigene Handeln erfolgt zwar zielbewusst in Bezug auf Achtsamkeit, aber gleichzeitig reflektieren wir deren Wirkung. So erfolgen auch bei Achtsamkeit in den jeweiligen Urlaubssituationen reflektierende Bewertungen. Es bestehen daher weitergehende Wirkungsbedeutungen, als nur die Erfassung des Augenblicks. Hierzu gehören beispielsweise:

- Achtsamkeit trägt zur Verbesserung Selbstwahrnehmung bei
  Hiermit verbinden sich Fragestellungen, wie: Was nehme ich an Urlaubssach-verhalten war?, Wie intensiv ist mein Wahrnehmungsgefühl? Welche Details werden wahrge-nommen?, etc.
- Die Achtsamkeit führt zu einer besseren Bewertung der Selbstwertbildes
  Besonders in zeitlichen Freiräumen, wie im Urlaub, wird über Selbstrefle-xionen ein Zugang zu sich selbst gesucht. Ein positives Empfinden hilft, das Selbstwertbild zu stärken.
- Über die Achtsamkeit wird sichtbar, dass man sich in neuen, unbekannten Orten und Situationen wohlzufühlen kann
  Urlaub ist mit einer Ortsveränderung verbunden, an denen neue Erfahrun-gen gesammelt werden. Die bewusste Wahrnehmung positiver Sachverhalte hilft, Urlaub und Reisen als etwas Positives zu verinnerlichen und es erneut anzustreben.
- Achtsamkeit führt zur Schlussfolgerung, dass das Streben nach Glück niemand schadet und daher nicht egoistisch ist.

© Der/die Autor(en), exklusiv lizenziert an Springer-Verlag GmbH, DE, ein Teil von Springer Nature 2023
H.-P. Herrmann, *Psychologie des Urlaubsglücks*, essentials,
https://doi.org/10.1007/978-3-662-68153-4_13

Glück kann ansteckend sein und so eine positive Wirkung entfalten. Persönliches Glückerleben führt nicht dazu, dass andere unglücklicher werden.
• Achtsamkeit bewirkt, positives Empfinden bewusster zu erleben. Wohlbefinden hilft gelassener zu werden, Anspannungen zu reduzieren, Stresshor-mone abzubauen, die kognitive und physische Leistungsfähigkeit zu verbessern, Entscheidungsfindungen zu erleichtern und die Kommunikationsbereitschaft zu erhöhen.

Die Urlaubszeit, als Teil der Lebenszeit wird mehrheitlich als besonders wertvoll angesehen, weil sie als eine besonders schöne und intensive Zeit erlebt wird. Der Wunsch, mit dieser Zeit achtsam umzugehen, ist daher sehr groß. Allgemeine Empfehlungen, den Urlaub achtsam zu genießen, sind:

• Die typischen Reizgegebenheiten des Urlaubs, wie das Spüren der Sonne, des Windes, der Wärme oder die Wahrnehmung von Gerüchen und positiven „Urlaubsgeräuschen" möglichst bewusst aufnehmen.
• Nach Möglichkeit sich an schöne Urlaubserlebnisse zurückerinnern, die man in ähnlicher Weise bereits erlebt hat. Diese stellen ein Abrufreiz dar und aktivieren bisherige positive Erinnerungen, welche mit einem ähnlichen Gefühl assoziiert werden. Dieser Rückkoppelungseffekt verstärkt das Wohlbefinden.
• In sich „Hineinhorchen", um die eigene Stimmung und Verfassung zu reflektieren um so positive Gefühlszustände zu genießen.
• Dankbar dafür sein, was wir jetzt erleben dürfen. „Reisen verändert das Selbst des Reisenden" (Bianchi 1997, S. 68)
• Versuchen, das Gefühl von Glück und Harmonie zu verinnerlichen und die „Leichtigkeit des Lebens" im Urlaub zu fühlen.
• Die Zufriedenheit mit sich selbst und die eigene Freude zeigen und mit anderen teilen.
• Bewusstwerden, dass das Erleben des aktuellen Moments in gleicher Weise nicht wiederholbar ist. Schon der antike Philosoph Heraklit erkannte, dass man in einem Fluss nicht zweimal baden kann, weil sein Wesen eben das „Fließen" ist. „So wie er war, ist er nicht mehr, und wie er ist, bleibt er nicht" (Seidel 1989, S. 76)
• In Bewegung sein. Es hilft, über taktile und andere Reize den Körper und sich selbst besser wahrzunehmen und so ein größeres Bewusstsein zu schaffen.
• Zeit- und Wahrnehmungsveränderungen als positive Zeichen verstehen.
• Die Freude an den Sinnen schärfen. Freude am Sehen und Entdecken, der Musik, der Kulinarik u. a.
• Den Mut fassen, vom Negativen und Gewohnten loszulassen.

- Im Bewusstsein von Lebenszufriedenheit neue Ziele finden und diese angehen.
- etc.

Je bewusster wir Dinge aufnehmen, desto besser können diese verarbeitet und abgespeichert werden. Handelt es sich dabei um starke emotionale Reizgegebenheiten, wie sie bei Urlaubsaktivitäten häufig anzutreffen sind, so werden diese Informationen nicht im semantischen, sondern im episodischen Gedächtnis abgespeichert. Hier sind sie noch sehr lange präsent und lassen sich leicht abrufen.

Tipps zum Urlaubsglück

14

Urlaubsglück lässt sich nicht erzwingen, aber man kann selbst viel dazu bei-tragen, dem Glück im Urlaub ein Stück näherzukommen. Eine Auswahl von Empfehlungen, welche die Aussicht auf glückliche Urlaubstage erhöhen, sind:

- Seinen Urlaub längerfristig planen. Wer sich frühzeitig mit seinen Urlaubs-wünschen auseinandergesetzt, vermeidet unnötigen Entscheidungsdruck.
- Faire Kompromisse mit dem Partner finden und Kinderwünsche bedenken. Wenn alle Beteiligten ihre Urlaubswünsche erfüllt sehen, erhöht sich hierdurch die Chance, auf gemeinsame, glückliche Urlaubstage. Wer später glückliche Momente mit dem Partner oder den Kindern teilen kann, erhöht das eigene Glücksgefühl.
- Vorfreude aufzubauen. Wer sich vorher mit dem Zielgebiet beschäftigt, weis nicht nur mehr, sondern sieht und entdeckt am Urlaubsort mehr als andere Gäste. Urlaubsvorfreude aufzubauen bedeutet auch, sich auf den Urlaub einzustimmen.
- Reisevorbereitungsstress so weit wie möglich vermeiden. Oft müssen vor dem Urlaub noch viele Dinge erledigt werden, um beruhigt in den Urlaub fahren zu können. Helfen kann hier eine Art Checkliste, die man frühzeitig beginnt abzuarbeiten.
- Bestehen große Ängste (z. B. Flugangst), so sollte man frühzeitig über Rei-sealternativen nachdenken oder Strategien entwickeln, wie man mit diesen Ängsten umgehen oder diese minimieren kann.
- Eingestelltsein auf mögliche Reisestresssituationen. Wer darauf eingestellt ist, plant in der Regel Reservezeiten ein, um nicht in Zeitnot zu geraten.

H.-P. Herrmann, *Psychologie des Urlaubsglücks*, essentials, https://doi.org/10.1007/978-3-662-68153-4_14

Bereits das Eingestelltsein hilft, mit der späteren Reisestresssituation besser umzugehen.

- Alltagskonditionierungen möglichst schnell ablegen. Im Alltag folgen wir eingeübten, d. h. vielfach konditionierten Verhaltensmustern. Wer jedoch im Urlaub Abstand vom Alltag gewinnen möchte, muss wesentliche Verhaltensmuster durchbrechen. Je schneller dieses gelingt, desto effektiver gestaltet sich die Erholung.
- Keinen Zeit- und Effizienzdruck aufbauen. Wer versucht, seine Urlaubsgestaltung beständig zu optimieren, setzt sich unter Zeitdruck und erlebt diese Zeit als Stress. Lieber weniger durch die Gegend hetzen und sich vom eigenen Zeitgefühl treiben lassen. Auch hier gilt das Sprichwort: „Weniger ist manchmal mehr".
- Das Schöne sich bewusst machen und genießen. Wer sich in einer schönen Umgebung aufhält und diese wahrnimmt, kann positive Gefühle entfalten. Dieses Bewusstsein für das Schöne prägt sich ein und bleibt als Erinnerung erhalten.
- Auf die eigenen Gefühle hören. Eigene Gefühle sind oft gute Indikatoren, die uns anzeigen, ob etwas gut oder schlecht ist. Bei Dingen die nicht gut sind, entsteht sehr oft ein Dissonanzgefühl.
- Assoziationen zu früheren Erlebnissen herstellen. Positive Stimmungen wirken wie Abrufreize und aktivieren Erinnerungen, die mit bestimmten Gefühlen bei ähnlichen Erlebnissen verbunden sind. Diese tragen dazu bei, dass aktuelle Stimmungen sich verstärken.
- Die Urlaubszeit nicht einfach verrinnen lassen, sondern diese gestalten. Mit Handlungen angefüllte Urlaubszeiten werden im Rückblick als zeitlich länger erlebt gegenüber aktivitätslose oder aktivarmen Zeiten.
- Die wesentlichen Elemente des Wohlbefindens: Bewegung, gutes Essen und Entspannung in ein ausgewogenes Verhältnis bringen.
- Entstehende Volitionen, d. h. bewusste, zielgerichtete Handlungsgedanken umsetzen und hierdurch aktiv werden. Echtes Glückserleben erfordert eigene Anstrengungen. Je größer der eigene Beitrag, desto größer ist das Glücksempfinden.
- Die eigenen Frustrationstolleranz im Urlaub erweitern und versuchen, sich nicht über jede Kleinigkeit zu ärgern.
- Smartphone/Handys ausschalten und störungsfreie Zeiten genießen. Unterbrechungen aller Art beeinflussen den eigenen Urlaubsgenuss und stören ggf. andere Gäste.
- Sich im Vorfeld über kulturelle Gegebenheiten und Gepflogenheiten informieren und diese dann beachten. In einigen Ländern gibt es für deren

Nichteinhaltung nicht nur verschämende Blicke, sondern zum Teil auch heftige Geldstrafen.

- Die Urlaubszeit ist ideal um negative Gewohnheiten zu durchbrechen, wie auch Neues auszuprobieren.

- Am Ende des Tages die schönen Erlebnisse nochmals Revue passieren lassen und sich über das Erlebte freuen.

- Ein persönliches „Urlaubsglücktagebuch" schreiben, in dem die schönen Erlebnisse festgehalten werden.

Was Sie aus diesem *essential* mitnehmen können

- Fragestellungen, die eine systematische Vorgehensweise bei Reiseentscheidungen unterstützen
- Wie man Reisentscheidungskonflikte lösen kann und so Reisentscheidungsfrust vermeidet
- Erkenntnisse zum Reiseverhalten und zu Zielgebietspräferenzen
- Was man tun kann, um Urlaubsstress zu vermeiden
- Hinweise zur Verbesserung der Achtsamkeit im Urlaub und Tipps zum Urlaubsglück

Zusammenfassung

Die Abhandlung beginnt mit der Fragestellung: Was ist Urlaubsglück? Im anschließenden Kapitel werden die Funktionen des Urlaubsglücks kurz beleuchtet. Die nachfolgenden Kapitel orientieren sich an der Reiseprozesskette, welche mit den auslösenden Faktoren von Reisewünschen beginnt und sich über Auswahlentscheidungsprobleme und Fragestellungen der richtigen Reiseentscheidung beschäftigen. Eingegangen wird auch kurz auf das Urlaubs- und Reiseverhalten der Bundesbürger, wobei der Frage nachgegangen wird, wo sie ihr Urlaubsglück suchen. Einen weiteren Schwerpunkt bildet das Erleben von Urlaubssachverhalten am Urlaubsort. Hierbei wird sich auch der Frage zugewandt, weshalb Menschen den Urlaub stresshaft empfinden und was mögliche Ursachen hierfür sind. Abschließend geht es um das Thema Achtsamkeit im Urlaub sowie um Tipps, wie man dem Urlaubsglück ein Stück näher kommen kann.

© Der/die Herausgeber bzw. der/die Autor(en), exklusiv lizenziert an
Springer-Verlag GmbH, DE, ein Teil von Springer Nature 2023
H.-P. Herrmann, *Psychologie des Urlaubsglücks*, essentials,
https://doi.org/10.1007/978-3-662-68153-4

Literatur

Bianchi P (1997) Sehn-Sucht-Trips: Versuch über das Reisen und Ruhen. In: Kunstform international, Bd 136. Deisenhofen, Ruppichteroth, S 68

Burow O-A (2011) Vgl. Positive Pädagogik. Beltz, Weinheim und Basel, S 64

Creusen U, Eschemann N-R, Johann T (2010) Positive leadership. Gabler, Wiesbaden, S 48 f.

Csikszentmihalyi M (1990a) Flow. Das Geheimnis des Glücks. Klett-Cotta, S 76

Csikszentmihalyi M (1990b) Vgl. Flow. Das Geheimnis des Glücks. Klett-Cotta, S 147

Deutscher Reiseverband, DRV (2023a) Der Deutsche Reisemarkt. Zahlen und Fakten 2022. Herausgegeben vom DRV, Berlin, S 5

Deutscher Reiseverband, DRV (2023b) Der Deutsche Reisemarkt. Zahlen und Fakten 2022. Herausgegeben vom DRV, Berlin, S 16

Deutscher Reiseverband, DRV (2023c) Der Deutsche Reisemarkt. Zahlen und Fakten 2022. Herausgegeben vom DRV, Berlin, S 17 f.

Deutscher Reiseverband, DRV (2023d) Der Deutsche Reisemarkt. Zahlen und Fakten 2022. Herausgegeben vom DRV, Berlin, S 21

Deutscher Reiseverband, DRV, Vgl. Der Deutsche Reisemarkt Zahlen und Fakten, Entnommen den Ausgaben 2006, 2015 und 2019. Herausgegeben vom DRV, Berlin, 2007, 2016, 2020

Fetchenhauer D (2011) Psychologie. Vahlen, München, S 62

Freyer W (2011) Vgl. Tourismus. Oldenbourg, München, S 2

FUR Forschungsgemeinschaft Urlaub und Reisen (2022) Reiseanalyse 2022, Hrsg. FUR, Kiel, S 84

FUR Forschungsgemeinschaft Urlaub und Reisen (2023) Reiseanalyse 2023 – Erste Ergebnisse, Hrsg. FUR, Kiel, S 14

FUR Forschungsgemeinschaft Urlaub und Reisen (2023) Reiseanalyse 2023 – Erste Ergebnisse, Hrsg. FUR, Kiel, S 32

FUR Forschungsgemeinschaft Urlaub und Reisen (2022). Reiseanalyse 2022, Kurzfassung der Ergebnisse, Hrsg. FUR, Kiel, S 20

FUR Forschungsgemeinschaft Urlaub und Reisen (2022). Reiseanalyse 2022, Kurzfassung der Ergebnisse, Hrsg. FUR, Kiel, S 55 f.

Heinz A (2008) Stress. In: Medizinische Psychologie. Hogrefe, Göttingen, S 69

Herrmann H-P (2016) Lehrbuch Tourismuspsychologie. Springer, Berlin, S 137

Herrmann H-P (2020) Tourismus neue denke. UVK, Tübingen, S 97

Lettel-Schröder M (2016) Vgl. Tiefer Griff in die Urlaubskasse. Studie der Reiseanalyse 2015. In: fvw Nr. 06/2016. FVW Medien, Hamburg, S 46

Mundt JW (2013) Tourismus. Oldenbourg, München, S 121 f.

Seidel H (1989) Von Thales bis Platon. Dietz, Berlin, S 76

Seidel T, Krapp A (2014) Pädagogische Psychologie. Beltz, Weinheim, S 196

Printed in the United States
by Baker & Taylor Publisher Services